essentials

Essentials liefern aktuelles Wissen in konzentrierter Form. Die Essenz dessen, worauf es als „State-of-the-Art" in der gegenwärtigen Fachdiskussion oder in der Praxis ankommt. *Essentials* informieren schnell, unkompliziert und verständlich

• als Einführung in ein aktuelles Thema aus Ihrem Fachgebiet
• als Einstieg in ein für Sie noch unbekanntes Themenfeld
• als Einblick, um zum Thema mitreden zu können

Die Bücher in elektronischer und gedruckter Form bringen das Fachwissen von Springerautor*innen kompakt zur Darstellung. Sie sind besonders für die Nutzung als eBook auf Tablet-PCs, eBook-Readern und Smartphones geeignet. *Essentials* sind Wissensbausteine aus den Wirtschafts-, Sozial- und Geisteswissenschaften, aus Technik und Naturwissenschaften sowie aus Medizin, Psychologie und Gesundheitsberufen. Von renommierten Autor*innen aller Springer-Verlagsmarken.

Andreas Neumann

Antisemitismus in der politischen Linken

Einfallstore und Manifestationen

Springer VS

Andreas Neumann
Berlin, Deutschland

ISSN 2197-6708   ISSN 2197-6716   (electronic)
essentials
ISBN 978-3-658-50871-5   ISBN 978-3-658-50872-2   (eBook)
https://doi.org/10.1007/978-3-658-50872-2

Die Deutsche Nationalbibliothek verzeichnet diese Publikation in der DeutschenNationalbibliografie; detaillierte bibliografische Daten sind im Internet über https://portal.dnb.de abrufbar.

Springer VS ist ein Imprint der eingetragenen Gesellschaft Springer Fachmedien Wiesbaden GmbH und ist ein Teil von Springer Nature.
Die Anschrift der Gesellschaft ist: Abraham-Lincoln-Str. 46, 65189 Wiesbaden, Germany

Was Sie in diesem *essential* finden können

- Darstellung der Genese des Antisemitismus in der Geschichte des Marxismus-Leninismus.
- Antisemitische Anknüpfungspunkte in neueren philosophischen Strömungen.
- Erklärungsansätze für die einseitige Parteinahme gegen Israel mit partieller Sympathiebekundung für islamistische Terroristen.

Inhaltsverzeichnis

Über den Autor

Dr. Andreas Neumann ist wissenschaftlicher Mitarbeiter an der Gedenkstätte Berlin-Hohenschönhausen. Der Schwerpunkt seiner Arbeit liegt auf der Beschäftigung mit Geschichte und Theorie des dogmatischen Marxismus-Leninismus sowie linkem Antisemitismus.

Einleitung

Antisemitismus bzw. Antijudaismus in Teilen der äußerst heterogen aufgestellten politischen Linken gibt es, solange es eine politische Linke gibt. Auch unterscheidet er sich in seinen Grundstrukturen nicht von dem in anderen politischen Zusammenhängen auftretenden (Arnold 2016, S. 25). Allerdings spielen sowohl das Narrativ vom jüdischen Bolschewismus keine sowie der biologistisch aufgeladene Rassenantisemitismus kaum eine Rolle. Gemein mit anderen politischen Protagonist:innen ist vielen Akteur:innen im äußerst heterogenen linken bzw. linksradikalen Spektrum jedoch, dass Antisemitismus ausschließlich beim politischen Gegenüber verortet wird, während man ihn im eigenen Lager nicht sehen will oder verharmlost (Rabinovici und Sznaider 2019, S. 21). Die ebenfalls anzutreffende innerlinke Thematisierung dieses Antisemitismus seit den 1960er Jahren (Ionescu 2020, S. 62 f.) verweist zugleich auf dessen über Dekaden bedeutende Präsenz.

Seit dem 7. Oktober 2023 hat die Israelfeindschaft zahlreicher linksradikaler Gruppen ein öffentlich deutlich wahrnehmbares Ausmaß angenommen, obwohl an diesem Tag sogenannte „Freiheitskämpfer" unter Führung der islamistischen Hamas ungefähr 1200 Menschen teilweise bestialisch und grausam ermordet haben, darunter größtenteils Zivilist:innen. Diese deutlich einseitige Positionierung haben viele Beobachter:innen so nicht für möglich gehalten. Wäre nicht eine Solidarisierung der weltweiten sich als progressiv verstehenden Kräfte mit den ermordeten Menschen, den massenhaft vergewaltigten Frauen und den über 200 in den Gaza-Streifen verschleppten Geiseln die eigentlich zu erwartende Reaktion aus einem politischen Lager gewesen, das sich schon immer den Schutz und die Rechte der Opfer und Schwachen auf die Fahnen geschrieben hat?! Zumal dies nicht zwingend einen Widerspruch zu genereller Kritik an bestimmten Positionen,

A. Neumann, *Antisemitismus in der politischen Linken*, essentials,
https://doi.org/10.1007/978-3-658-50872-2_1

Praktiken, Ausrichtungen und Bestrebungen der israelischen Regierungspolitik darstellen würde, bspw. in Bezug auf das Westjordanland oder in Hinblick auf das militärische Vorgehen in Gaza. Nicht nur israelische Gerichte, sondern auch hunderttausende Israelis oder zig im Land agierende NGOs zeigten dies in den Monaten vor dem Terrorangriff, aber auch danach. Auch sie wehrten und wehren sich gegen den zunehmenden Einfluss nationalreligiöser und ultraorthodoxer Kräfte in Gesellschaft und Politik ihres Landes (Grigat 2025, S. 194). All dies ist möglich, ohne Israel und seine Einwohner:innen unter Zuhilfenahme traditioneller antijudaistischer sowie moderner antisemitischer Narrative zu verurteilen, prinzipiell zu dämonisieren oder dem Staat grundsätzlich das Existenzrecht abzusprechen. Anstatt sich emphatisch an die Seite der Opfer zu stellen – was ehrlich gemeinte Solidarität mit der palästinensischen Bevölkerung ja nicht *per se* ausschließt –, begrüßen zahlreiche progressive Linke das Massaker (Illouz 2025, S. 10–13; Kirsch 2025, S. 13–15), sprechen von gerechtfertigtem Widerstand (Benhabib 2023), Militäraktionen[1] oder einem Gefängnisausbruch[2] und übernehmen mit der Bezeichnung „Al-Aqsa-Flut" sogar die Terminologie der islamistischen Täter, was ihre geistige Nähe zu diesen offenbart (Suder und Butt 2024, S. 41).[3]

Was bei den Äußerungen zahlreicher radikaler Linker zum Nahostkonflikt im Allgemeinen und zum Krieg Israels gegen die Hamas im Anschluss an den 7. Oktober im Speziellen auffällt, ist die Einseitigkeit in der Beschreibung der Auseinandersetzung. Für eine politische Strömung, die ihre Wurzeln auch in der Aufklärung verortet, sind die immer wieder vorgetragenen Israel beschreibenden Schlagworte und die in ihnen zu Tage tretenden schwarz-weiß-Bilder ein deutliches Indiz für eine stark ideologisch aufgeladene Perspektive auf den Nahostkonflikt: weißer Siedlerkolonialismus (Bildungsstätte Anne Frank 2024, S. 11 ff. und 28 f.; Kirsch 2025, S. 109 f. und 139 f.), Apartheid (Berendsen und Schnabel 2024, S. 14; Schwarz-Friesel 2020, S. 54),[4] Nakba oder Genozid – ein Begriff, der nicht erst seit Oktober 2023 als Vorwurf dient und auch deshalb hinsichtlich der ihm innewohnenden Intention mit Vorsicht zu betrachten ist (Kirsch 2025, S. 129; Baier

---

[1] https://www.klassegegenklasse.org/700-tote-durch-luftangriffe-in-gaza-blockade-von-wasser-und-essen/ (13.08.2025)

[2] https://taz.de/Freispruch-fuer-Palaestina-Aktivisten/!6106559&s=hamas/ (28.08.2025)

[3] https://young-struggle.org/die-al-aqsa-flut-der-gefaengnisausbruch-des-palaestinensischen-volkes/ (12.10.2023); https://x.com/jamesholdenOG/status/1712110256799486343/photo/2 (12.09.2025)

[4] https://www.klassegegenklasse.org/ist-das-existenzrecht-israels-unverhandelbar/ (13.08.2025)

2021; FgA 2021)[5] – dämonisieren Israel in einem dichotomen Weltbild zu einem expliziten Feind, mithin zum Inbegriff eines eschatologisch aufgeladenen Bösen.

Dieser Beitrag versucht nachzuvollziehen, warum linksradikale Akteure oftmals so einseitig und in ihrer Argumentation unterkomplex Partei für „die Palästinenser" ergreifen, zumal damit mitunter Terrorverherrlichung sowie Antisemitismus einhergehen. Er wirft einen kursorischen Blick auf die Ideologiegeschichte des dogmatischen Marxismus-Leninismus und einige, der auf ihn fußenden neueren philosophischen Strömungen, deren Theorien es ermöglichen, „wissenschaftlich" fundiert antiisraelische Positionen einzunehmen. Zwar werden sie als antizionistisch bezeichnet, überschreiten durch explizit oder implizit genutzte Topoi und Stereotype jedoch nicht selten den von jeher schmalen Grat zum Antisemitismus. Das auf der *documenta fifteen* im Jahr 2022 vom indonesischen Künstler:innenkollektiv Taring Padi ausgestellte Wimmelbild *People's Justice*, auf dem ein Mossad-Angehöriger mit Schweine-Schnauze sowie ein durch Zigarre, Raffzähne und Kleidung erkennbarer Kapitalist mit Schläfenlocken und SS-Runen auf dem Hut dargestellt werden, zeugt genau von dieser Problematik.[6] Dabei geht es dem Autor nicht darum, das dichotome Gut-gegen-Böse-Schema einfach ins Negative zu kehren, sondern dazu beizutragen, den Konflikt in der Betrachtung zu entideologisieren und damit zu versachlichen, auch damit dessen Komplexität sowohl in der radikalen Linken als auch gesamtgesellschaftlich zukünftig mehr Rechnung getragen werden kann.

---

[5] https://www.dw.com/de/anti-israelische-stimmung-in-der-t%C3%BCrkei/a-17794167 (03.07.2025); antiimperialistisch: https://www.antiimperialista.org/2008-02-03-mauern-und-genozide/ (07.07.2025); rechtsextremistisch: Compact TV 09/2014: https://www.youtube.com/watch?app=desktop&v=jvEP8cXisws&t=1131s (07.07.2025)

[6] https://www.dw.com/de/documenta-fifteen-antisemitismus-vorw%C3%BCrfe/a-62190281 (12.09.2025)

Dogmatischer Marxismus-Leninismus 2

Antisemitismus wohnte dem Marxismus-Leninismus nie konstituierend inne, anders als etwa dem Nationalsozialismus. Dies bedeutet jedoch nicht, dass es in der weitverzweigten Geschichte der sozialistischen Bewegung nicht zu verbalen judenfeindlichen und antisemitischen Entgleisungen, diesbezüglichen Repressionen oder auch mörderischen Manifestationen gekommen ist. Schon Karl Marx – obwohl selbst in eine Rabbinerfamilie hineingeboren und deshalb antisemitischen Tiraden ausgesetzt – pflegte politische Gegner und Zeitgenossen mit judenfeindlichen Stereotypen zu belegen, so etwa den Mitinitiator und Präsidenten des Allgemeinen Deutschen Arbeitervereins (ADAV), Ferdinand Lassalle. Diesen beschimpfte er in einem Brief an Friedrich Engels aus dem Sommer 1862 als „jüdischen Nigger", da dieser ihm kein Geld leihen wolle, um ihm aus einer finanziellen Bredouille zu helfen (Hund 2018). Marx 1843 verfasste Schrift *Zur Judenfrage* hat in Anlehnung an die Junghegelianer zwar zum Ziel, die Emanzipation von jeglicher Religion zu befördern, also auch diejenige vom Judentum, nutzt in der Begründung jedoch deutlich antisemitische Tropen, wenn er den *Eigennutz als den weltlichen Grund,* den *Schacher als den weltlichen Kultus* und das *Geld als den weltlichen Gott des Judentums* bezeichnet (Marx 1976, S. 372). Sein Eintreten für die Emanzipation sowie die Teilnahme an Demonstrationen für die Gleichberechtigung von Jüdinnen:Juden stellt dazu keinen Widerspruch dar, sondern liegt genau im Trend der Zeit: Seit der Aufklärung gab es für Jüdinnen:Juden die Möglichkeit, sich zu emanzipieren und Staatsbürger:innen zu werden, aber eben nicht als Juden. Der *gute Jude* war der *Un-Jude* (Rabinovici und Sznaider 2019, S. 15).

Karl Marx war nicht der einzige Revolutionär, der sich antisemitisch äußerte. 1873 schrieb der russische Anarchist Michail Bakunin über Marx, dieser sei ehrgeizig und eitel, streitsüchtig, unduldsam und absolut, wie Jehova, der Herrgott

A. Neumann, *Antisemitismus in der politischen Linken*, essentials, https://doi.org/10.1007/978-3-658-50872-2_2

seiner Vorväter, und wie dieser rachsüchtig bis zum Wahnsinn (Bakunin 1924, S. 115). Schon zuvor hatte er *die Juden* als eine ausbeuterische Sekte beschrieben, als ein Blutegelvolk, als einen einzigen fressenden Parasiten. *Der Jude,* so Bakunin, spekuliere in die Arbeit des Volkes. So verwundert es auch nicht, dass er schon früh jene Verschwörungstheorien verbreitete, die das jüdische Kapital und den jüdischen Kommunismus miteinander verbanden, wenn er suggerierte, die jüdische Welt stünde heute zum großen Teil einerseits Marx, andererseits Rothschild zur Verfügung (ebd., S. 209). Der Frühsozialist Charles Fourier beschrieb in einer explizit biologistischen Manier *die Juden* als eine völlig unproduktive Rasse und sah in ihnen eine Pest, die den Körper der Gesellschaft verwüste. Alphonse Toussenel, einer seiner Schüler, gilt aufgrund seiner Schrift *Die Juden, Könige der Epoche. Eine Geschichte des Finanzfeudalismus* aus dem Jahr 1846 sogar als ein Mitbegründer des modernen Antisemitismus (Haury 2019, S. 9 f.).

Mit der Arbeitswerttheorie (Marx 1968, S. 223 f.) hielt eine Annahme in Marx' philosophisches Werk Einzug, die strukturell deutliche Ähnlichkeiten mit späteren antisemitischen Narrativen der völkischen Bewegung aufweist. Marx unterscheidet zwischen konstantem Kapital, das aus den Produktionsmitteln entsteht, aber dem fertigen Erzeugnis keinerlei Mehrwert zufügt, und dem variablen Kapital, das aus der Arbeitskraft erwächst und allein den Wert des Produkts steigere. Die Arbeitswerttheorie weist gewisse Analogien zu dem Figurengegensatz vom bösen „raffenden", d. h. jüdischen, Finanzkapital und der guten „schaffenden" deutschen Arbeitskraft – die die deutsche Industrie miteinschließt – auf. Für den Marxismus typisch, fetischisiert sie die händische Arbeit, indem sie suggeriert, allein diese sei etwas produktiv Schaffendes. Währenddessen steigere der Kapitalist, der den Produktionsprozess organisiert, für diesen alles Nötige bereitstellt, eventuell auch die Idee zu dem Vorhaben beisteuerte, den Wert des Produktes nicht. Dafür behalte er aber anschließend den von den Arbeiter:innen geschaffenen Mehrwert einfach ein, beute diese also aus (Neumann 2022, S. 150).

Diese in Ansätzen wahrnehmbare Affinität zwischen Kapitalismuskritik und dem modernen Antisemitismus, also dem abstrakten Zerrbild vom *mächtigen Juden,* der als ultimativer Finanzkapitalist nicht nur im Geheimen die Weltwirtschaft beherrscht, sondern auch Politik und Medien lenkt, kommt nicht von ungefähr. Moishe Postone verweist in Zusammenhang mit dem eliminatorischen Erlösungsantisemitismus des Nationalsozialismus darauf, dass im modernen Antisemitismus der Kapitalismus biologisiert und das Abstrakte personifiziert wird. In seinem erkenntnistheoretischen Ansatz, der auf die polit-ökonomische Dimension des modernen Antisemitismus abhebt, bezieht er sich auf den von Marx diagnostizierten Doppelcharakter der Ware, nämlich deren konkret nützlichen, qualitativen Gebrauchswert sowie deren abstrakt-quantitativen Tauschwert. Die Enttäuschung über die gebrochenen liberalen Versprechen der frühbürgerlichen Phase sowie der Aufklärung hatte in der bürgerlichen Gesellschaft eine Aufspaltung der Zirkulationsspirale zur Folge: Der Gebrauchswert wird darin zur als natürlich wahrgenommenen Ware, die durch die Kraft händischer Arbeit erschaffen worden ist, und der Tauschwert zum als künstlich und abstrakt interpretierten Geld. Das Unsichtbare sowie Anonyme und Abstrakte der Ware – der Wert an sich, das Geld, aber auch das Finanzkapital, die Banken, der Zins sowie die Folgen des Kapitalismus im Allgemeinen – biologisiert und personifiziert sich nun im *Juden* (Salzborn 2010, S. 157–168; Engster 2024, S. 151–156). Kommunist:innen und Sozialist:innen jeglicher Couleur, gerade mit ihrem grundsätzlich ablehnenden Blick auf den Kapitalismus, scheinen vor dieser Art verkürzter Kapitalismuskritik nicht immer gefeit. Dies verwundert nicht, schließlich handelt es sich bei ihnen ebenfalls um in der bürgerlichen Gesellschaft sozialisierte Subjekte.

Die Nähe zu dieser Personifizierung des Kapitalismus auch im Marxismus-Leninismus offenbart sich dann bei keinem Geringeren als Lenin selbst. Den eigentlich abstrakten Kapitalismus mit in sozialen Netzwerken eingebundenen Akteur:innen und den daraus resultierenden unerwünschten sozialen Folgen stilisiert Lenin zu einer bewussten gegen die übergroße Mehrheit der Bevölkerung gerichteten Verschwörung von Kapitalisten und Bankiers. Diese lenkten die moderne kapitalistische Welt nach Gutdünken. Dabei spricht er vom Betrug der „Kapitalisten und ihre[r] Presse", der „Personalunion" zwischen Banken und der Industrie sowie den Gesellschaften mit der Regierung. Es würden großkapitalistische Monopole gebildet, es kommt „systematisch [zu] eine[r] gewisse[n] Arbeitsteilung unter den paar hundert Finanzkönigen der modernen kapitalistischen Gesellschaft", der Kapitalismus „beendet seine Entwicklung als riesiges Wucherkapital" und das 20. Jahrhundert bilde schließlich den „Wendepunkt vom alten zum neuen Kapitalismus, von der Herrschaft des Kapitals schlechthin zu der Herrschaft des Finanzkapitals" (Lenin 1960, S. 195–237). Dies kommt nicht von ungefähr: Thomas Haury führt als zentrale Quelle für Lenins Weltdeutung das 1902 erschienene Werk *Imperialism* von John A. Hobson an. In seiner ökonomischen Studie kommt Hobson zu dem Schluss, dass bestimmte gut organisierte Geschäftsinteressen die Interessen der Nation dominieren, dabei sowohl Politik als auch die Presse steuern. Als Profitierende dieser Interessen bezeichnet Hobson die Angehörigen einer einzigen und besonderen Rasse, die in vielen Jahrhunderten Finanzerfahrung sammeln konnte, aber auch im hier und jetzt über die stärkste Bande der Organisation sowie engste und schnellste Kontakte im ökonomischen Zentrum jedes Staates verfüge. Mithilfe von Krieg, Revolution oder anarchistischem Mord manipulierten sie die Politik der Völker. All dies diene ausschließlich der Profitmaximierung dieser *Parasiten*. Da Hobson in diesem Bezug explizit die Rothschilds nennt, ist klar, dass damit Jüdinnen:Juden gemeint sind. Lenin übernahm von Hobson dessen gesamte Argumentation bis hin zur Sprache, ohne jedoch die *Parasiten* rassisch bzw. gar als Jüdinnen:Juden zu definieren, was, so Haury, mit der Klassentheorie und dem Internationalismus unvereinbar gewesen wäre (Haury 2002, S. 248 ff.). Bei Lenins Imperialismustheorie handelt es sich noch nicht um einen manifesten Antisemitismus. Die angesprochenen Punkte zeigen jedoch auf, dass grundlegende Theorieelemente des Marxismus-Leninismus kongruent zur Verschwörungserzählung von *der geheimen jüdischen Weltherrschaft* verlaufen und sich deshalb diesbezüglich bei Bedarf auch passgenau instrumentalisieren lassen.

In dieses Bild passt auch Ruth Fischer, Mitglied des ZK der KPD und selbst aus einer jüdischen Familie kommend. Sie sorgte 1923 für Schlagzeilen, als sie ihre Zuhörerschaft, bestehend hauptsächlich aus völkischen Student:innen, plakativ dazu aufforderte, die *Judenkapitalisten* doch *an der Laterne aufzuhängen und zu zertrampeln* (Kessler 2005, S. 226). Selbst wenn man die teilweise angeführte Erklärung mit einbezieht, sie hätte ihr antisemitisches Publikum über Umwege darauf aufmerksam machen wollen, dass eben nicht nur jüdische Kapitalisten, sondern auch deutsche bekämpft gehören, reproduzierte sie an dieser Stelle antisemitische Hetze übelster Sorte und legitimierte die damit in Zusammenhang stehende mörderische Gewalt. Andere Mitglieder der Parteiführung, so z. B. Hermann Remmele, traten ebenfalls auf rechtsextremen Veranstaltungen auf, während derer sie ihre Ausführungen mit antisemitischen Topoi garnierten. Zwar war diese sogenannte Schlageter-Phase der KPD, in der einige Parteimitglieder versuchten, den völkischen Parteien Wählerschaft abspenstig zu machen, nur von kurzer Dauer – was nicht bedeutet, dass es später nicht zu antisemitischen Parolen gekommen wäre. Ein Schlaglicht auf deren fehlendes Verständnis von antisemitischen Denkfiguren bzw. auf den Sozialisationsrahmen von Angehörigen der Arbeiterklasse – schließlich waren auch sie Teil der deutschen Gesellschaft – werfen derartige Ereignisse dennoch (Hoffroge 2015). Ansonsten zeichnete sich die KPD der Weimarer Republik – ab Mitte der 1920er Jahre vollkommen abhängig und gesteuert aus dem Kreml in Moskau – vor allem dadurch aus, den Antisemitismus als konstituierendes Element des Nationalsozialismus zu verkennen und deshalb nicht dagegen vorzugehen. Dieser sei nur ein Ablenkungsmanöver. Gleichzeitig betrachtete die KPD-Führung Jüdinnen:Juden selbst oft als Teil der bourgeoisen Klasse, die es in der Klassenauseinandersetzung ja zu bekämpfen galt. So schrieb der KPD-Gesellschaftswissenschaftler Hermann Duncker 1932: „Die Kapitalistenklasse opfert zu ihrer Selbsterhaltung schließlich auch einige jüdische Mitläufer und Kleinverdiener – die jüdischen Großverdiener finanzieren, wenn nötig, selbst den Hitlerfaschismus –, um als faschistische ›Schutzjuden‹ ihr Kompaniegeschäft mit dem christlichen Kapital ungestört weitertreiben zu können" (Kessler 2005, S. 292).

Ab den 1930er Jahren bildete sich in der Sowjetunion dann das Feindbild des Trotzkismus heraus. Dieses hatte mit den eigentlichen weltanschaulichen Zielen Leo Trotzkis nichts mehr gemein, sondern verband schlicht den Namen des weltweit als jüdisch gelesenen Trotzki mit den von Lenin mit Rückgriff auf Hobson ausformulierten kapitalistischen Attributen und personifizierte auf diese Weise den strukturellen Antisemitismus. Dieses Feindbild blieb bis zu Stalins Tod 1953 aktuell und wütete nicht nur in der Zeit des Großen Terrors 1936–1938 in der Sowjetunion, sondern forderte auch im Spätstalinismus nach dem Zweiten Weltkrieg in ganz Osteuropa einen hohen Blutzoll (Neumann 2022). Besonders markant trat der sich dabei mitunter offen artikulierende Antisemitismus bei der sogenannten Moskauer Ärzte-Verschwörung (Vetter 2011, S. 416 ff.) oder der Nacht der toten Dichter (Fiedler 2016, S. 524–528) auf. Auch zeigte er sich bei dem in der von einer Kampagne gegen Kosmopolitismus und Zionismus geprägten ČSSR abgehaltenen Slánský-Prozess 1952. In diesem Schauprozess, der als vorläufiger Höhepunkt einer Säuberungswelle innerhalb der kommunistischen Parteien Osteuropas gilt, erhielten elf der 14 hauptangeklagten Parteifunktionäre die Todesstrafe. Es galt als bewiesen, dass sie „unter Anleitung feindlicher westlicher Spionagedienste" ein „trotzkistisch-titoistisches, zionistisches, bürgerlich-nationalistisches" Verschwörerzentrum gebildet hatten. Immer wieder wurde in der Verhandlung betont, dass die Mehrheit der Beschuldigten jüdisch sei, was sie laut Anklageschrift national unzuverlässig mache (Gerber 2016, S. 11 f.). Auch wenn nicht explizit als *Strippenzieher* beschrieben, werden die angeklagten Funktionäre mit direktem Verweis auf ihre jüdischen Wurzeln – und mit ihnen der Zionismus – in einen Sinnzusammenhang mit Imperialismus, bürgerlicher Ideologie, den westlichkapitalistischen Staaten, dem ebenfalls mit dem Judentum assoziierten Leo Trotzki und einer kosmopolitischen, d. h. weltumspannenden Verschwörung gestellt (Neumann 2021, S. 94). Klaus Holz rät deshalb dazu, neben den postliberalen, rassistischen und vergangenheitsbewältigenden Varianten, diese antizionistische Version des modernen Antisemitismus ebenfalls als einen *nationalen Antisemitismus* zu bezeichnen. Auch in dieser stalinistischen Spielart diente das Judenbild dazu, semantisch eine Wir-Gruppe zu konstruieren. Dem Bild von *dem Juden* kam die Funktion als komplementäres Gegenbild zu dem Selbstbild von Volk/Staat/Nation zu. Dabei etabliert die national-antisemitische Konstruktion der Wir-Gruppe zwei Unterscheidungen. Da sie definiert ist als eine partikulare, historisch-genealogische Personengruppe, wird sie zum einen von anderen Völkern/Staaten/Nationen abgegrenzt und baut auf diese Weise die (nationalistische) Xenophobie auf. Der Fremde außerhalb der Wir-Gruppe gehört typischerweise einem anderen Volk/

Staat/Nation an. Auf dieser Unterscheidung baut in diesem Fall allerdings eine zweite auf: das antisemitische Judenbild: Wir/alle Nationen im Gegensatz zu *dem diese unterwandernden* und *zersetzenden Juden*. Auf diese Weise werden jüdische Personen prinzipiell von allen anderen Völkern abgegrenzt. *Der Jude* nimmt hier die Figur bzw. die Position des ein- und ausgeschlossenen Dritten ein, im Rahmen einer nationalistischen Weltanschauung der Vertreter einer Nicht-Nation, weshalb er als paradox, ambivalent, parasitär, also als Nicht-Identität konstruiert wird (Holz 2010, S. 540–543) – und das mit der Rede von global agierendem Finanzkapital und Völker unterwandernden Agent:innen des Imperialismus eben auch im (dogmatischen) Marxismus-Leninismus.

Als sich Israel 1948 gegründete hatte, reihte es sich in der Blockkonfrontation schon bald neben den USA aufseiten des westlichen Imperialismus ein – zumindest aus Sicht der marxistisch-leninistischen Ostblockstaaten. Dabei votierte die Sowjetunion und mit ihr die *Sowjet-Ukraine* sowie *Sowjet-Weißrussland* bei der UNO 1947 zugunsten des Teilungsplanes und damit für die Gründung eines jüdischen Staates. Genauso wie schließlich die erst unentschlossenen USA, wohingegen sich Großbritannien bei der Abstimmung enthielt (Morris 2023, S. 104). Während britische Offiziere 1948 aufseiten der arabischen Armeen kämpften, US-Präsident Truman ein Waffenembargo gegenüber allen Kriegsparteien verhängte, befahl die Sowjetunion der sozialistischen Tschechoslowakei, den neugegründeten jüdischen Staat mit Waffen zu versorgen, ohne die die Jüdinnen:Juden im ersten israelisch-arabischen Krieg in den Kämpfen gegen die palästinensischen Milizen und ihre Nachbarstaaten nicht hätten bestehen können (ebd., S. 276 f.). Zu der Zeit hofften die Staaten des Ostblocks noch, Israel werde sich ihnen anschließen – ein Gedanke, der auch aufgrund der sozialistisch organisierten Kibbuzim nicht vollkommen haltlos erschien. Weltanschaulich dazu passend erschienen u. a. in DDR-Medien Beiträge, die den heldenhaften Kampf des Jischuv gegen die gemeinsam agierenden reaktionären Kräfte aus arabischen Staaten, britischen Kolonialherren und ehemaligen Offizieren von Wehrmacht und SS priesen. Dieselben Autoren behaupteten Jahre später, nach Änderung der politischen Großwetterlage, genau das Gegenteil und unterstellten Israel – von Beginn an und damit ganz im Gegensatz zu ihren ursprünglichen zeitgenössischen Beobachtungen – dämonische Absichten. Mit NS- und Holocaustgleichsetzungen ging zugleich immer auch eine Täter-Opfer-Umkehr einher (Escher 2018, S. 82 f.).

Ab den 1960er Jahren unterhielten die von der Sowjetunion geführten Länder des Warschauer Paktes teils enge Beziehungen zu den Palästinenserorganisationen und den arabischen Staaten. Aufgrund geostrategischer Interessen strebten sie danach, ihren Einfluss in dieser Region auszubauen. Die antiisraelische Rhetorik vom jüdischen Staat als imperialem Vorposten der USA im Nahen Osten, aber auch die

Unterstützung mit militärischen Gütern und Ausbildern, die dann in den arabischen Kriegen gegen Israel zum Einsatz kamen, waren ihnen dabei von großem Nutzen (Herf 2020, S. 19).

Noch 1980 beschrieb das *Wörterbuch der Aussenpolitik und des Völkerrechts* des Ostberliner Dietz-Verlages *Zionismus* als

> chauvinistische Ideologie, das weitverzweigte Organisationssystem und die rassistische, expansionistische politische Praxis der jüdischen Bourgeoisie, die einen Teil des internationalen Monopolkapitals bildet. [...] Mit dieser Konzeption ordnete sich der Z. von Anbeginn in die politischen, ökonomischen und strategischen Interessen des Weltimperialismus ein. Die Zusammenarbeit zwischen Zionisten und britischen Imperialisten führte [...] [zur] Balfour-Deklaration, in der die mit Unterstützung jüdischer großkapitalistischer Kreise (Rothschild) organisierte Einwanderung jüdischer Siedler sanktioniert und britische Hilfe bei der Gründung einer jüdischen „Heimstatt" in Palästina zugesichert wurden. [...] Der Staat Israel bildete von nun an das Zentrum der ideellen und politischen Einwirkung auf die jüdischen Bürger in Israel und in anderen Ländern der Welt im Sinne von Nationalchauvinismus und Antikommunismus (Institut für Internationale Beziehungen 1980, S. 703).

In diesem Lexikoneintrag wird nicht nur im Sinne der Verschwörungsmythen des modernen Antisemitismus eine besondere Nähe des Judentums zum Kapital suggeriert, sondern auch die nationale Unzuverlässigkeit von in anderen Staaten lebenden Jüdinnen:Juden, die explizit gegen die sozialistischen Volksrepubliken mit ihren kommunistischen Idealen agieren würden. Insbesondere in der DDR kam verschärfend hinzu, dass der Antifaschismus nicht nur Staatsdoktrin war, sondern im Prinzip auch einzige Gründungslegitimation. Da der Faschismus im marxistisch-leninistischen Verständnis eine Form der Herrschaft im Kapitalismus ist (Neumann 2021, S. 93), konnte es in der DDR als sozialistischem Staat ohne Marktwirtschaft *per definitionem* weder Rassismus noch Antisemitismus geben, während Israel als kapitalistisches Land grundsätzlich durchdrungen sei von faschistischen Strukturen.

Das Dogma vom Faschismus als Bestandteil des Kapitalismus, der auch nur in dessen Kontext existiert, hatte auch auf erinnerungspolitischer Ebene Folgen für Jüdinnen:Juden. Aus dieser marxistisch-leninistischen Perspektive war der Zweite Weltkrieg eine Klassenauseinandersetzung zwischen dem Kapital und dem Proletariat. Die Shoah mit sechs Millionen ermordeter Jüdinnen:Juden, die stets zum Bürgertum gezählt worden waren, musste deshalb in der Retrospektive auch ein nachrangiges Ereignis darstellen, mit nachrangigen Opfern. Die Gruppe, die als primäres Ziel der Nazis galt, am meisten unter ihnen gelitten und auch diejenige, die am heldenhaftesten gegen den Faschismus gekämpft hätte, waren die Angehörigen der Arbeiterklasse, so die Gründungserzählung der DDR (Neumann

2019, S. 64–67). Für Jüdinnen:Juden und die Shoah war in dieser Erinnerungskultur kaum noch Platz, ihre Geschichte wie ihre Identität wurden bis zum Ende
der Existenz der DDR marginalisiert. Das hatte auch Auswirkungen auf das in den
staatlichen Medien verbreitete Israelbild, bei dem sich die angebliche Trennschärfe
zwischen Antizionismus und Antisemitismus nicht selten in Luft auflöste (Salzborn 2016).

In Westdeutschland, wie in der westlichen Hemisphäre, änderte sich der Blick
der radikalen Linken auf Israel 1967 während und im Anschluss an den Sechstage-
krieg fundamental. Die bis dato ausgedrückte Unterstützung für den jüdischen
Staat wich einer Ablehnung, da sich besonders die Studentenproteste zunehmend
an der Seite der marxistisch geprägten Volksbefreiungsbewegungen rund um den
Erdball sahen. Die Außerparlamentarische Opposition in Deutschland begriff sich
von nun an nicht mehr nur als antiimperialistisch sowie antikapitalistisch, sondern
auch als antizionistisch (Vowinckel 2004, S. 241 und 245; Pflicke 2025, S. 43 ff.).
Einige palästinensische Gruppen, die in der PLO organisiert waren, orientierten
sich ideologisch an der Sowjetunion oder gar am maoistischen China, weshalb
große Teile der politischen Linken sie als *Genossen* im Kampf für eine bessere
Welt betrachteten, so aber auch deren Narrative übernahmen. Martin Kloke hat
festgestellt, dass vor 1967 die Linke in keinem Land so proisraelisch eingestellt
war, wie in der Bundesrepublik – nach 1967 aber auch keine so antiisraelisch
(Kloke 1994). In der Bundesrepublik kam erschwerend hinzu, dass Aussagen
bezüglich der Shoah mitunter Züge des sekundären Antisemitismus – einer Judenfeindschaft, die der Schuldabwehr dient – annahmen. So artikulierte Ulrike Meinhof im Dezember 1972 als Zeugin im Prozess gegen Horst Mahler: „Der Antisemitismus war seinem Wesen nach antikapitalistisch. [...] Ohne dass wir das deutsche
Volk vom Antisemitismus freisprechen – denn die Leute haben ja wirklich nicht
gewusst, was in den Konzentrationslagern vorging –, können wir es nicht für unse-
ren revolutionären Kampf mobilisieren“ (zitiert nach Aly 2008, S. 158). Meinhof
zufolge habe sich der Antisemitismus der Nazis also im Kern gegen das Kapital ge-
richtet, was in gewisser Weise legitim gewesen sei. Drei Jahre zuvor war es zu ersten terroristischen Handlungen gekommen: Am 9. November 1969 sollte im Zentrum der Jüdischen Gemeinde Westberlin zu den Gedenkfeierlichkeiten an die
Reichspogromnacht von 1938 eine von den Tupamaros Westberlin gebastelte
Brandbombe explodieren. Auch beschmierten sie Denkmäler zur Erinnerung an jüdische Opfer der NS-Herrschaft mit „Shalom und Napalm“- sowie „El Fatah“-
Schriftzügen. Es ist nur dem Glück zu verdanken, dass der Sprengsatz nicht ex-
plodierte. Eines der Mitglieder der Tupamaros Westberlin, Dieter Kunzelmann,
veröffentlichte später in der Szene-Zeitschrift *Agit 883* seinen *Brief aus Amman*, in
dem er davon sprach, dass nur aufgrund des „Judenknaxes“ in Deutschland noch

niemand erkannt hätte, dass Palästina für die Bundesrepublik das darstelle, was Vietnam für die USA sei. Außerdem bezeichnete er den Zionismus als den Faschismus der Gegenwart (Reimann 2009, S. 241–246). Er begriff den Nahostkonflikt als Puzzleteil, wenn nicht gar als Beginn einer weltweiten sozialistischen Revolution. Die Zusammenarbeit deutscher Linksterrorist:innen mit palästinensischen Terrororganisationen gipfelte dann 1976 in der Entführung eines Flugzeuges der Air France auf dem Weg von Tel Aviv nach Paris. Schließlich landete die Maschine auf einem Flugplatz in Entebbe in Uganda. Dort trennten die beiden Mitglieder der Revolutionären Zellen (RZ), Brigitte Kuhlmann und Wilfried Böse, die Insassen, was von Anwesenden auch als „Selektion" beschrieben wurde: Bleiben mussten nur die jüdischen Passagiere. Alle anderen ließ das deutsch-palästinensische Terrorkommando gehen. Sie forderten die Freilassung von insgesamt 53 Personen, hauptsächlich Angehörige der palästinensischen Volksfront für die Befreiung Palästinas (PFLP), der Al-Fatah, der deutschen Roten Armee Fraktion (RAF) und der Bewegung 2. Juni aus überwiegend deutschen und israelischen Gefängnissen (Vowinckel 2004, S. 236 f.). Henryk M. Broder hat beschrieben, dass ihn die Flugzeugentführung gar nicht so sehr schockierte. Bestürzend war für ihn vielmehr, dass sich die Reaktion fast der gesamten alten und neuen Linken in der Bundesrepublik nicht gegen die deutschen und palästinensischen Flugzeugentführer:innen oder den ihnen Schutz bietenden Präsidenten von Uganda, Idi Amin, richtete, sondern gegen die israelische Kommandoeinheit, die die Geiselnahme schließlich beendet hatte und deren Aktion mit den »Blitzkriegen der Hitlerfaschisten« verglichen wurde. Denn dies waren dieselben Menschen, mit denen er gemeinsam gegen die Einführung der Notstandsgesetze, den Krieg in Vietnam und die Zulassung der NPD zu den Wahlen demonstriert und denen er sich verbunden gefühlt hatte (1986, S. 63). Diese Erfahrung deutet an, was auch Anette Vowinckel diagnostiziert: Spätestens ab der Wende von den 1970er zu den 1980er Jahren war diese Einstellung keine mehr, die nur von einer kleinen Minderheit geteilt worden wäre. Israel als faschistische Speerspitze des Imperialismus zu charakterisieren, gehörte zur Gesellschaftsanalyse von weiten Teilen der neuen sozialen Bewegungen, der autonomen Linken, der Hausbesetzerbewegung der 1980er-Jahre und der gerade entstehenden Partei der GRÜNEN (2004, S. 251). Shualmit Volkov beschreibt den Antizionismus in der Linken in den 1970er und 1980er Jahren als ein „Pauschalangebot". Die grundsätzliche Israelfeindschaft hatte eine Art Symbolcharakter angenommen: Sie weist die Zugehörigkeit zu einem bestimmten, subkulturellen Milieu aus. Gerade wenn das eigentliche Handlungsfeld der Aktivist:innen ein anderes ist, fungiert das Eintreten für den Antizzionismus als Loyalitätstest, besonders auch für Jüdinnen:Juden (2000, S. 84).

In der bundesdeutschen radikalen Linken folgte dem antiisraelischen Turn 1967 zu Beginn der 1990er Jahre zumindest teilweise ein *antideutscher* Turn. Dieser zeichnet sich dafür verantwortlich, dass in Deutschland im Vergleich zu anderen westlichen Staaten die radikale Linke heute im Nahostkonflikt nicht ganz so einhellig gegen Israel positioniert ist. Teile der radikalen Linken befürchteten, dass im Zuge der deutschen Einheit erneut Großmachtphantasien und -streben entstehen könnten und forderten auch in Hinblick auf die Shoah „Nie wieder Deutschland" – daher auch die Bezeichnung als Antideutsche. Aktuelle Bezüge zu Israel griff diese Szene dann während des zweiten Golfkrieges 1991 auf, als Saddam Hussein mit irakischen Truppen nicht nur Kuweit besetzen ließ, sondern irakische Raketen auch auf Ziele in Israel zusteuerten. Die Antideutschen verstanden nicht, dass ein Großteil der antiimperialistischen Linken einseitig und bedingungslos gegen das Eingreifen einer Staatenkoalition unter Führung der USA demonstrierte, ohne anzuerkennen, dass Israel das einzige Land auf der Welt ist, in dem Jüdinnen:Juden ohne Angst vor Verfolgung leben können. Anstatt sich auf Antiimperialismus, Antikolonialismus und Antizionismus zu beziehen, bildete sich in Teilen der linken Szene in Deutschland ein Fokus auf Antinationalismus sowie den Kampf gegen Antisemitismus heraus (Mendel 2023, S. 118–124).

Poststrukturalismus 3

Der Poststrukturalismus ist eine grundsätzlich nicht einheitliche philosophische Denkrichtung, die sich gegen Mitte der 1960er Jahre in Frankreich ausprägte. Wie der Name sagt, schließt er kritisch an den Strukturalismus (besonders an die strukturale Linguistik von Ferdinand de Saussure) an. Dieser Literaturtheorie zufolge bestehen Zeichen aus einer Einheit von Signifikant und Signifikat, also von Lautbild und dazugehöriger Vorstellung. Der eigentliche Sinn dieses Zeichens – dessen Bedeutung – ergibt sich erst aus der Differenz zu anderen Zeichen, mit denen es in einem Zeichengewebe relational verbunden ist und interagiert (Münkler und Roesler 2012, S. 3–5).

Der für das poststrukturalistische Denken als paradigmatisch geltende Jaques Derrida setzte dem Strukturalismus seinen Dekonstruktivismus entgegen. Zwar übernahm er – und schloß auf diese Weise an den Strukturalismus an – von diesem die konsequente Ausrichtung auf die Sprache als Bezugspunkt seiner Argumentation, zog dazu jedoch ein Zeichensystem heran, das die strukturalistische Annahme einer verlässlichen Verbindung von Signifikant und Signifikat negiert (Köppe und Winko 2013, S. 97 f.). Dadurch sind in der Sprache unendlich viele Differenzierungen möglich und demzufolge werden immer wieder neue Sinnzusammenhänge erschaffen. Wobei ähnlich wie der Strukturalismus auch der Poststrukturalismus davon ausgeht, dass jede der Welt immanente Struktur wie die sprachliche gebildet wird, was zur Folge hat, dass sich diese Implikationen auch auf u. a. gesellschaftspolitische Bereiche auswirken (Münkler und Roesler 2012, S. 30 f.). Nicht mehr die Produktionsverhältnisse und die Existenz von Privateigentum werden als Ursache für gesellschaftliche Missstände verortet, wie noch im Marxismus der Fall, sondern die Etablierung von Normen und sprachlichen Strukturen generiert Machtverhältnisse (Hansen 2024, S. 3). Michel Foucault bspw. kritisierte die Annahme

© Der/die Autor(en), exklusiv lizenziert an Springer Fachmedien Wiesbaden GmbH, ein Teil von Springer Nature 2026
A. Neumann, *Antisemitismus in der politischen Linken*, essentials,
https://doi.org/10.1007/978-3-658-50872-2_3

von Universalität sowie Überzeitlichkeit von Strukturen. Sprachlich produzierte Sinnzusammenhänge, die eine bestimmte Vorstellung forcieren, die wiederum bestimmte Machtstrukturen und Interessen gleichzeitig zur Grundlage haben und auch erzeugen, bezeichnete er als Diskurse. Sie können Realität strukturieren, aber auch erschaffen.[1] Bestimmte Diskurse, so Foucault, werden als allgemein wahr angenommen und andere als falsch, womit jede Gesellschaft ihre eigene Wahrheit besitze (Foucault 1978, S. 51). Diskurse sah er folglich als das wichtigste Machtinstrument in einer Gesellschaft an. Demnach solle mit dem geltenden Diskurs das gesellschaftliche System stabilisiert werden, indem die ungleiche Verteilung von Wissen organisiert und erhalten wird (Foucault 1998, S. 122).

Natürlich ist es sinnvoll, gesellschaftliche Konventionen zu hinterfragen und aufzubrechen, die sich oft über Sprache und Bedeutungszuschreibungen reproduzieren. Vor allem, wenn sie Identitäten normieren sowie Minderheiten marginalisieren und auch diskriminieren. Ebenso gibt es die eine absolute Wahrheit bei unzähligen die Gesellschaft betreffenden Fragestellungen nicht. Allerdings können poststrukturalistische Ansätze im Extremfall zur totalen Beliebigkeit führen, bspw. zum Negieren spezieller universalistischer Werte, wie den allgemeinen Menschenrechten. Wenn sich Zeichen und Konzepte wahllos miteinander kombinieren lassen und diese Zeichen sich dann wiederum mehr oder weniger wahllos mit anderen Zeichen in Beziehung setzen, was ja ihre Bedeutung prägt, kann dies ins Postfaktische führen. Ist es möglich, dass Kontexte sich willkürlich wandeln oder werden sie gleich ganz weggelassen, ohne sich an objektiven (erkenntnistheoretischen) Standards orientieren zu müssen, sind alle Meinungen zu bestimmten Themen in Bezug auf den Wahrheitsgehalt als gleichrangig anzunehmen. Etwas wird wahr, wenn man es nur oft genug sagt. Andere Zusammenhänge, die dem Subjekt nicht passen, können mithilfe poststruktureller Theorie als aus einer Machtposition heraus konstruiert definiert und deshalb abgelehnt werden. Es ist wahrlich keine neue Entwicklung, dass dogmatische Ideolog:innen, um ihrem einseitigen Weltbild zu folgen, offensichtliche Tatsachen negieren und sogar das Gegenteil bekräftigen. Schon Ende der 1930er Jahre sagte Heinrich Mann im Pariser Exil über die Zusammenarbeit mit Walter Ulbricht im Volksfrontkomitee, dass er sich nicht „mit einem Mann an einen Tische setzen [könne], der plötzlich behauptet, der Tisch an dem wir sitzen, sei kein Tisch, sondern ein Ententeich, und der mich zwingen will, dem zuzustimmen" (zitiert nach Benz 2025, S. 130). Mit Hilfe des Poststrukturalismus lassen sich (historische) Fakten nun aber philosophisch und somit wissenschaftlich begründet umdeuten oder einfach beiseitelassen. Der Historiker Ilan Pappé „möchte so viele Menschen wie möglich davon [...] überzeugen, dass unsere

---

[1] Diskurs, In: F. Schmidt: Handbuch der Globalisierung, 2002 (19. Februar 2006)

Interpretation der Tatsachen die richtige ist. Und wir tun dies aus ideologischen Gründen, nicht, weil wir Wahrheitssucher sind" (zitiert nach Stosberg 2025, S. 181). Der Begriff der Nakba bspw. rekurriert in den meisten Fällen auf die Vertreibung eines Teils der palästinensischen Bevölkerung aus ihren Dörfern im Jahr 1948, manche sprechen sogar von ethnischen Säuberungen.[2] Ausgespart bleibt, dass ein Großteil von ihnen aufgrund der Aufforderung der arabischen Akteure geflohen ist und dieser Exodus „maßgeblich" eine Folge der Kampfhandlungen darstellt, die 1947 von palästinensischen Milizen gegen den Jischuv losgetreten und 1948 von den umliegenden arabischen Staaten gegen das jüngst gegründete Israel fortgesetzt worden sind (Grigat 2019, S. 15).[3] Die arabisch-palästinensische Seite ist an dieser Stelle eben nicht nur ein passives Opfer einer Katastrophe (Nakba) als Folge einer umfassenden Verschwörung gegen arabische und islamische Interessen (Hasche 2024, S. 134). „Die dekonstruktivistische Kritik [...] unterscheidet nicht mehr zwischen Wissenschaft und Mythos" (Illouz 2025, S. 38).

Der Poststrukturalismus ermöglicht ergänzend zu dieser Art der Bildung recht einseitiger Narrative auch eine Form der Diskursverweigerung. Dazu lassen sich die vielen Anlässe zählen, bei denen Diskussionsrunden oder kulturelle Veranstaltungen durch lautes Schreien und das Beschimpfen der Podiumsteilnehmer:innen oder Künstler:innen als „Zionisten", „Faschisten" oder „Genozidunterstützer" durch

---

[2] https://perspektive-online.net/2024/05/was-die-nakba-war-und-warum-sie-noch-heute-andauert/ (05.07.2024); https://www.instagram.com/revolutionaerelinke/p/C7I_43Ss6jr/?img_index=10 (04.03.2025)

[3] Zu den Gründen von Flucht und Vertreibung zitiert Benny Morris, der zu den „neuen Historikern" in Israel gezählt wird, die zentrale zionistische Gründungsmythen einer Rivision unterzogen haben (Hahn 2024, S. 181), den damaligen israelischen Außenminister Mosche Schertok, der in einer Kabinettsitzung vom 16. Juni gegen eine Rückführung votierte: „Wenn jemand unter uns aufgetaucht wäre und gesagt hätte, dass wir sie eines Tages alle vertreiben sollten – das wäre Wahnsinn gewesen. Aber wenn dies in den Wirren des Krieges geschah, eines Krieges, den das arabische Volk gegen uns geführt hat, und wegen der arabischen Fluchtbewegung – dann ist das eine jener revolutionären Veränderungen, nach denen der [Lauf der] Geschichte nicht rückgängig gemacht werden kann. [...] der aggressive Feind hat dies herbeigeführt und das Blut klebt an seinen Händen [...] und alle Ländereien und Häuser [...] sind Kriegsbeute. [...] All dies ist eine gerechte Entschädigung für das [jüdische] Blut, das vergossen wurde, für die Zerstörung von [jüdischem Eigentum]." (zitiert nach Morris 2023, S. 405); Selbst Muriel Asseburg erwähnt in ihrer Darstellung „Palästina und die Palästinenser", in der sie laut eigener Aussage vorrangig palästinensische Perspektiven berücksichtigt (S. 12), was gelegentlich zu einer deutlichen Unausgewogenheit bei ihrer Darstellung historischer Ereignisse führt, dass die Nakba eine Folge des israelisch-arabischen Krieges von 1948 war (S. 34).

linke sogenannte propalästinensische Aktivist:innen verunmöglicht worden sind.[4] Robert Misik fasst den Ansatz dieser Akteure wie folgt zusammen:

> Da natürlich auch die Idee des freien Diskurses selbst eine bürgerliche Ideologie ist, die nur erfunden wurde, um die herrschende Macht zu stützen, soll man abweichende Ansichten delegitimieren oder zur Not niederschreien. Denn was „sagbar" und „nicht-sagbar" sein soll, ist einfach selbst ein Machteffekt. Und wenn man dafür sorgt, dass Ansichten, die die Unterdrückung stützen, nicht mehr gesagt werden, dann ist ein kleiner Schritt zur Befreiung schon gemacht (2024).

Es ist im Einklang mit der Theorie auf diese Weise möglich, dass die Poststrukturalistin Judith Butler die Terrororganisation Hamas als Widerstandsgruppe bezeichnet und deren Handlungen am 7. Oktober 2023 nicht als antisemitischen Terror, sondern als einen Aufstand einordnet, bei dem sie auch keinen Antisemitismus erkennt.[5] Kognitive Dissonanzen, eigentlich nicht aushaltbare Widersprüche, wie die zwischen der bestialischen Brutalität und dem Postulat des hehren Widerstandskampfes, lassen sich so wissenschaftlich/philosophisch begründet wegrationalisieren. Butler muss dann auch die zahlreich in den sozialen Medien dokumentierte massive sexualisierte Gewalt vom 7. Oktober (Vowinckel 2023)[6] nicht mehr sehen und kann zynisch nach Beweisen für diese Taten fragen, als ob diese nicht existent wären.[7] So führen philosophische Ansätze, die Machtstrukturen abbauen helfen sollen, dazu, dass Ansichten ins Extreme radikalisiert werden, weil Differenzen wegfallen. Was alleine zählt: eine unwiderlegbare, weil nicht falsifizierbare *moralische Autorität* (Illouz 2025, S. 44).

Eine besondere Volte bietet der Poststrukturalismus auch hinsichtlich einer Bewertung des Judentums an sich. Wie Bruno Chaouat auch mit Blick auf seinen eigenen Werdegang herausgearbeitet hat, zelebrieren Teile der poststrukturalistischen bzw. postmodernen Schule das Diasporajudentum geradezu, weil sie eben die eigenen dekonstruktivistischen Ideale wie das Deterritoriale, das Marginale, das Subversive sowie das Heimatlose in ihm wiedererkennen. Tatsächlich wird an dieser Stelle – Chaouat spricht hauptsächlich von der französischen Theorie als

---

[4] https://www.rbb24.de/kultur/beitrag/2024/02/lesung-hannah-arendt-100-stunden-abbruch-protest-hamburger-bahnhof-berlin.html (17.09.2025); https://www.rbb24.de/politik/beitrag/2024/02/berlin-humboldt-uni-propalaestinensische-stoeraktion.html (17.09.2025)

[5] https://www.diepresse.com/18250340/philosophin-judith-butler-nennt-hamas-massaker-bewaffneten-widerstand (12.09.2025)

[6] https://www.phr.org.il/en/gender-based-violence-eng/ (25.08.2025)

[7] https://www.diepresse.com/18250340/philosophin-judith-butler-nennt-hamas-massaker-bewaffneten-widerstand (12.09.2025)

Ausgangsort – Heideggers metaphysischer Antisemitismus in sein Gegenteil verkehrt, d. h. in einen Philosemitismus, der die zuvor negativ konnotierten Attribute der personifizierten Nichtidentität des Judentums positiv wertet: Der *gute Jude* muss jetzt unheimlich, ungreifbar, alle nationalstaatlichen Grenzen und Kategorisierungen negierend, im Exil verstreut und ewig wandernd sein. Er ist ein ethischer Jude und kein ethnischer. So kann er für das poststrukturalistische Projekt der subversiv-philosophischen Zersetzung nutzbar gemacht werden (Chaouat 2024, S. 15–18; S. 124–127; S. 144 f.).[8] Die Gründung und Existenz des israelischen Staates hingegen stellt mit den durch ihn zum Ausdruck gebrachten und in geopolitische sowie metaphysische Grenzen geformten Partikularismus, Identität und Nationalität Ordnungsprinzipien dar, die aber genau das Gegenteil von jüdisch personifiziertem Universalismus sowie Dekonstruktion bilden. Auch deshalb bewerten postmoderne Theoretiker:innen Israel oftmals nicht nur als ein anachronistisches und fossiles Element, sondern perzipieren zionistische Jüdinnen:Juden als unauthentische d. h. schlechte Jüdinnen:Juden, wohingegen Jüdinnen:Juden der Diaspora als die guten bzw. authentischen gelten. Jedenfalls solange sie sich nicht explizit zu zionistischen Ideen bekennen und auf diese Weise aus dem antiisraelischen Konsens ausbrechen (Chaouat 2024, S. 68 f., 301–308; 314 f.). Diese binäre Einteilung in besatzungskritische und israelfeindliche Jüdinnen:Juden einerseits und „Zionist:innen", „die beliebig attackiert werden dürfen", andererseits, ließe sich nach Eva Berendsen und Deborah Schnabel „mit gutem Recht" als tertiärer Antisemitismus bezeichnen (Berendsen und Schnabel 2024, S. 15).

Ein Merkmal, das alle Vertreter:innen des ansonsten sehr heterogenen Poststrukturalismus eint, ist die Ablehnung des Strukturalismus auch mit der Begründung, dass er durch sein Streben, eine Totalität der Erklärung in diesem starren und abgeschlossenen System der Zuordnungen zu erreichen, immer auch den Ausschluss eines anderen mitproduziere (Münkler und Roesler 2012, S. 30 ff.). Offensichtlich wird dies beispielsweise an Edward Saids 1978 publizierter Studie *Orientalism*, in der dieser mit Anlehnung an Foucault das westliche Konzept „Orientalismus" als einen Machtdiskurs zur Dominanz über den Orient beschreibt. *Orientalism* gilt weithin als das Gründungsmanifest der *postcolonial studies* (vgl. Klävers 2021, S. 43 f.), was die Nähe zwischen Poststrukturalismus und den Postkolonialen Theorien unterstreicht. Mitunter äußert sich ihre Affinität auch in ihrer Anfälligkeit für antisemitische Positionen.

---

[8] Chaouat sieht darin gar eine neopaulinische Agenda (2024, S. 28), da schon Paulus in seinen Apostelbriefen das zu der Zeit noch nicht getrennte Judentum in die alten ethnische Jüdinnen:Juden, die Fleisch sind und dem Gesetz verhaftet bleiben, sowie den neuen Heidenchrist:innen, die er mit Geist und Glaube in Verbindung setzt, teilt (Schäfer 2020, S.47).

Postkolonialismus 4

Die *postcolonial studies* sind nicht *per se* antisemitisch. Zu vielgestaltig sind ihre Ansätze und Bezugspunkte, Wissenschaftsfelder und Formen der Äußerungen. Der mit ihnen grundsätzlich verbundene Versuch, „die koloniale Beschaffenheit von Geopolitik und Sprache, Gesellschaft und Wissensproduktion zu erforschen" ist wichtig und notwendig. Die Kolonialgeschichte als eine der dunkelsten Seiten europäischer Historie hatte lange Zeit nicht genug Beachtung erfahren.[1]

Vorrangig geht es den postkolonialen Theorien darum, sich mit dem historischen Prozess v. a. des europäischen Kolonialismus der Neuzeit auseinanderzusetzen, mit kolonialer Herrschaft sowie Dekolonisation. Als abgeschlossen wird der Kolonialismus dabei nicht betrachtet, da Armut, Autoritarismus sowie mangelnde Rechtsstaatlichkeit in ehemaligen Kolonien und Eurozentrismus sowie Rassismus in den Kolonialnationen als Folgeerscheinungen des Kolonialismus gewertet werden. Politischen Anspruch erheben die Vertreter:innen der *postcolonial studies,* indem sie danach streben, gegen das von ihnen erkannte und noch heute herrschende eurozentrische Weltbild anzugehen, zugunsten eines Narratives, dass die Verwobenheit von Globalem und Lokalem beschreibt. Allerdings werfen Kritiker:innen ein, dass sie dieses Ansinnen durch Überfokussierung auf die europäische Kolonialgeschichte sowie dadurch, dass sie regionale Besonderheiten aussparen, konterkarieren. Oftmals laufen sie Gefahr, die Welt erneut dichotom aufzuteilen, namentlich in Kolonisierende und Kolonisierte (Klävers 2021, S. 5 ff.). So weisen die postkolonialen Theorien mitunter eine deutliche strukturelle Nähe zum Marxismus-Leninismus auf, mit dessen unterkomplexer bipolarer manichäischer Aufteilung der Gesellschaft in Proletariat und Bourgeoisie bzw. mit Stalins 1947 von Andrei Schdanow

---

[1] https://taz.de/Postkoloniale-Theorie-und-Antisemitismus/!5993338/ (12.09.2025)

vorgetragener Zwei-Lager-Theorie, derzufolge die Welt zwiegespalten sei in imperialistisch-antidemokratische sowie antiimperialistisch-demokratische, d. h. sozialistische Staaten (Diedrich, Ehlert und Weenzke 1998, S. 4). Diesen ersetzen Teile der postkolonialen Theorie durch den mit ähnlichen Problemen behafteten Gegensatz von globalem Süden und globalem Norden. Allerdings verflechten sie dabei die Kritik an der westlichen liberalen Welt bzw. der Moderne – die koloniale Konstellation sei schließlich die unausgewiesene Grundlage der Moderne (Martini 2021, S. 154) – weiterhin mit marxistisch eingefärbtem Antikapitalismus.[2] Durch diese Affinität ist auch eine innerhalb der postkolonialen Theorien oftmals auftretende Sympathie für autoritäre und antidemokratische Despotien aller Art zu erklären. Walter D. Mignolo, einer ihrer prononciertesten Vertreter, wendet sich in seinem 2006 erschienenen Buch *Epistemischer Ungehorsam* nicht nur grundsätzlich gegen das „westliche Denken", also auch die Aufklärung, sondern vermag es sogar, neben linken Antikolonialisten wie Aimé Césaire und Frantz Fanon den Revolutionsführer der islamischen Theokratie im Iran, Ajatollah Chomeini, als Kronzeugen für seinen dekolonistischen Weg anzuführen.[3] Auch Judith Butler hat die islamistischen Terrororganisationen Hamas und Hisbollah schon dezidiert als progressive soziale Bewegungen tituliert und als Teil einer globalen Linken beschrieben (Hahn 2024, S. 180). Zwar heizte die NS-Propaganda die Radikalisierung der traditionell bestehenden arabisch-islamischen Judenfeindschaft im Mittleren und Nahen Osten an. Zugleich war diese Radikalisierung aber auch eine Reaktion auf die partielle Autoemanzipation der Jüdinnen:Juden in den arabischen Gesellschaften. In diesen wurden die Jüdinnen:Juden – ähnlich dem europäischen modernen Antisemitismus, nur im Kontext einer anderen religiösen Tradition – als Vertreter:innen eines Modernisierungsprozesses angefeindet, der die hergebrachten Gesellschaftsordnungen bedrohte (Grigat 2025, S. 126).

Nicht vernachlässigt werden sollte in diesem Zusammenhang deshalb die Wirkmächtigkeit des Grundnarrativs des modernen Antisemitismus, wonach Jüdinnen:Juden als Exponent der Moderne bzw. als deren *Strippenzieher* die Geschicke der Welt lenken und das, wie oben beschrieben, durch Lenins Imperialismustheorie auch Einzug in die Kapitalismuskritik des Marxismus-Leninismus gehalten hat. Auf diese Weise erweist sich, so Stephan Grigat, der israelbezogene Antisemitismus

---

[2] Selbst im heutigen autoritären und reaktionären Russland baut ein Strang der ideologischen Legitimation des seit 2022 geführten Krieges gegen die Ukraine nicht nur auf alte sowjetische Narrative bezüglich einer Systemauseinandersetzung gegen den kapitalistisch-imperialistischen Westen auf, sondern auch auf die Parteinahme und somit Anschlussfähigkeit für den sogenannten globalen Süden (https://monde-diplomatique.de/artikel/!6103878 (29.08.2025)).

[3] https://taz.de/Postkoloniale-Theorie-und-Antisemitismus/!5993338/ (12.09.2025)

als eine zentrale Integrationsideologie, die es vermag, politisch sehr heterogene Gruppierungen im Hass auf Israel zu homogenisieren (ebd. S. 41). Während sich die politische Linke seit jeher auf die Fahnen geschrieben hat, für unterdrückte sowie marginalisierte Minderheiten einzustehen, trifft dies auf Jüdinnen:Juden nicht zu, da sie aufgrund dieser noch immer wirkenden antisemitischen Mythen als mächtig imaginiert werden: Sie können keine Opfer sein. Jüdinnen:Juden bilden somit ein sich überlappendes bzw. doppelndes Feindbild für Teile der postkolonialen Linken: einerseits als *das* Sinnbild für *die* kapitalistische Moderne, andererseits als koloniale Unterdrücker. Folgerichtig mutiert Israel zum *Juden unter den Staaten*. Israel dient hier auch als Chiffre für Jüdinnen:Juden, als politisch-korrekte Umwegkommunikation, um antisemitische Topoi zu vertreten (Schwarz-Friesel 2020, S. 46). Gerade weil Teile der radikalen Linken den Vorwurf des Antisemitismus einzig in direktem Bezug auf Jüdinnen:Juden akzeptieren, wohingegen Israel gar nicht antisemitisch verunglimpft werden kann. Die Existenz eines Antisemitismus, der auf den israelischen Staat als jüdisches Kollektiv abzielt, bestreiten sie, obwohl ihre „Israelkritik" nicht selten auch mit traditionellen antisemitischen Stereotypen durchsetzt ist (Ionescu 2020, S. 65 ff.).

Innerhalb des schablonenhaften Dualismus von globalem Norden und globalem Süden – quasi ein Schwarz-Weiß-Schema ohne Graustufen – wird Israel als Projekt eines von Europa ausgehenden weißen Siedlerkolonialismus tituliert, als Ausdruck einer angeblich durchzusetzenden *white suprimacy*. Marlene Gallner konstatiert dazu: „In den schlimmsten Ausprägungen des heutigen Antirassismus werden Juden als weiß und als privilegiert dargestellt. Das alte antisemitische Bild vom mächtigen, betrügerischen Juden kehrt so in neuen Kleidern zurück" (2023, S. 132). In den heutigen Gerechtigkeitsdebatten, so Astrid Messerschmidt, bietet die ideologische Struktur des Antisemitismus eine Täterfigur an, die von „Teile[n] des antirassistischen Aktivismus […] mit dem Staat Israel identifiziert wird oder mit dem Jüdischen als Figuration von unrechtmäßigem Reichtum". Auf diese Täterfigur kann zugleich die eigene strukturelle Mitverantwortung für die globalen Ungleichverhältnisse projiziert werden (2022). Gerade im postnationalsozialistischen Deutschland kann der postkoloniale Diskurs in Verbindung mit einem antiimperialistischen Aktivismus dazu benutzt werden, ein Bedürfnis nach Schuldabwehr zu bedienen, indem die Vereinigten Staaten und Israel als mit dem Westen identifizierte Verursacher von weltumspannender Ungerechtigkeit und Gewalt angesehen werden (Messerschmidt 2018, S. 154).

Die Israelis nehmen im Nahostkonflikt in dieser binären Weltkonstruktion automatisch die Rolle des Tätervolks ein, während die Palästinenser:innen prinzipiell die Opfer sind. Komplexe Zusammenhänge, wie die historische Bindung des Judentums an die Levante (Pfeffer 2019, S. 372, Berendsen und Schnabel 2024,

S. 14); dass in diesem Gebiet immer auch Jüdinnen:Juden gelebt haben; dass rund die Hälfte aller heute in Israel lebenden Menschen Vorfahren haben, die nicht aus Europa eingewandert bzw. geflohen sind, sondern aus dem arabischen Raum (Grigat 2025, S. 128), wo sie in den muslimischen Gesellschaften rund eineinhalb Jahrtausende lang als minderwertige und zu unterdrückende Dhimmis galten (Benssoussan 2019, S. 25–51; Weinstock 2019, S. 368) oder dass die zionistischen Organisationen einen großen Teil des Landes von arabischen Notabeln erworben haben (Asseburg 2022, S. 17 und 20), werden ausgeblendet. Auch die komplexen Antworten auf Fragen nach der ursprünglichen indigenen Bevölkerung; nach der Rolle der Arabisierung der Region im Zuge der islamischen Expansion im 7. Jh. n. Chr. (Schäfer 2020, S. 114 ff.) sowie danach, wer denn eigentlich die kolonisierende Nation sein soll, widersprechen dem Konstrukt vom weißen Siedler-Kolonialismus erheblich (Bildungsstätte Anne Frank 2024, S. 11 ff.), können auf Grundlage poststrukturalistischer Beliebigkeit aber ausgespart bleiben. Selbst wenn Argumente anders gewichtet werden und koloniale Elemente stärker in den Vordergrund treten – Dan Diner spricht im Zusammenhang des Nahostkonflikts von einem „nationalen Konflikt kolonialen Charakters" – so bleibt doch die Tatsache bestehen, dass Handelnde auf beiden Seiten Verantwortung für den derzeitigen Status des Nahostkonflikts tragen (2019, S. 463).

Diese dogmatische manichäische Gegenüberstellung offenbart wiederum eine deutliche Nähe zum Marxismus-Leninismus und dessen Imperialismustheorie, der zufolge Imperialismus als die höchste Stufe des Kapitalismus *per definitionem* ausschließlich von westlich-kapitalistischen Staaten ausgehen kann. Genauso wie im Marxismus-Leninismus sozialistische Staaten und Länder der *Dritten Welt* prinzipiell nicht imperialistisch agieren konnten, sind es heute die Länder des globalen Südens, die die Rolle des genuin Guten einnehmen. Als ob ausschließlich als *weiß* gelesene Europäer:innen Imperien errichtet, eroberte Kolonien ausgebeutet und als fremd angesehene Ethnien, Gruppen oder Religionen bis aufs Blut bekämpft hätten (Bildungsstätte Anne Frank 2024, S. 12). Der Kolonialismusbegriff der Postkolonialen spiegelt heute allzu oft schlicht den alten Imperialismusvorwurf des orthodoxen Marxismus wider. Es ist ein Abbild, das ob der Wurzeln der *postcolonial studies* in der marxistisch-leninistischen Unterstützung der Volksbefreiungsbewegungen der *Dritten Welt* – materieller sowie ideologischer Natur – nicht verwundert. Ironischerweise werden die Länder des *globalen Südens* in dieser auf ihre Opferrolle beschränkten Sichtweise gar nicht als aktiv Handelnde wahrgenommen, sodass die *postcolonial studies* an dieser Stelle mit einem „Rassismus der reduzierten Erwartungen" operieren (Küntzel 2019, S. 158–161). Die postkoloniale Einteilung, die Menschen aus bestimmten Regionen bzw. Kulturen unveränderliche identitäre Charakteristiken zuschreibt, kommt neurechten Konzepten vom

Ethnopluralismus gefährlich nahe (Latsch 2024).[4] Mitunter findet sogar eine Art Rassifizierung statt, diesmal seitens Teilen der politischen Linken. „Die postkoloniale Theorie verstrickt sich in eine Aporie, indem sie an den imaginären Kategorien des Diskurses festhält, den sie zu dekonstruieren vorgibt" (Chaouat 2024, S. 332). Teilweise werden im Zuge dieses „tribalistisch-völkische[n] Relativismus"[5] sogar ganz offen Blut und Boden-Topoi vertreten (Kirsch 2025, S. 120 ff.),[6] als deren Gegenstück seit jeher die Mär vom *wurzellosen Kosmopoliten* fungiert.

Es ist unbestreitbar, dass zahlreiche Probleme der ehemaligen kolonisierten Staaten auf die kolonialen Herrschaftspraktiken zurückzuführen sind: nationale Grenzziehungen, die Ausbeutung von Bodenschätzen, wirtschaftliche und soziale Folgen des Sklavenhandels und vieles mehr. „Aber in dem Moment, wo der Kolonialismus zum Passepartout für Ursachenerklärungen gegenwärtiger Missstände wird, transformiert sich die Unterdrückungserfahrung in ein Ressentiment gegenüber dem Teil der Welt, der mit dem Containerbegriff des ‚Westens' als Übeltäter und Verursacher globaler Ungerechtigkeit angeprangert wird" (Messerschmidt 2019, S. 150).

Mit postkolonialem Denken einher geht auch der Versuch einiger Wissenschaftler:innen, die Shoah in eine Reihe zu stellen mit dem europäischen Kolonialismus allgemein und mit den deutschen Kolonialverbrechen im Speziellen. Prinzipiell kann es gewinnbringend sein, unterschiedliche historische Ereignisse miteinander zu vergleichen, nicht um sie gleichzusetzen, sondern um Gemeinsamkeiten und Unterschiede herauszuarbeiten. Das Ergebnis kann im Idealfall zum besseren Verständnis der einzelnen Anschauungsobjekte führen. Michael Rothbergs Modell der multidirektionalen Erinnerung soll solidarische Bezüge zwischen Überlebenden der Shoah und deren Nachkommen mit den Opfern des europäischen Kolonialismus herstellen helfen, da die *nur* suggerierte Beispiellosigkeit der Shoah die Erinnerungen und Traumata anderer Opfergruppen verdränge. Allerdings gestaltet sich daraus dann eine „Landkarte" der Erinnerung, auf der sich französische Folter und Lagerhaft im algerischen Unabhängigkeitskrieg nicht mehr vom NS-Genozid abhebt und das Warschauer Ghetto zu Gaza mutiert. Dabei unterscheiden sich Shoah und europäischer Kolonialismus vor allem darin, dass Jüdinnen:Juden von den Nazis nicht primär aus ökonomischen Gründen und territorialen Interessen – den

---

[4] vgl.: https://www.bpb.de/themen/rechtsextremismus/dossier-rechtsextremismus/500773/ethnopluralismus/ (12.09.2025)

[5] https://www.hagalil.com/2024/10/adam-kirsch/ (12.09.2025)

[6] https://young-struggle.org/die-al-aqsa-flut-der-gefaengnisausbruch-des-palaestinensischen-volkes/ (20.02.2024); https://x.com/jamesholdenOG/status/1731714800789377143/photo/1 (12.09.2025)

Hauptantriebsfedern des europäischen Kolonialismus – ermordet worden sind. Dem „Erlösungsantisemitismus", der wahnhafte Ursprung des industriellen Massenmordes an den Jüdinnnen:Juden, war die grundlose Vernichtung Selbstzweck (Martini 2021, S. 155 ff.) – objektiv grundlos und ohne Nutzen, aus der Binnensicht irrationaler fanatischer Nationalsozialist:innen jedoch rational, schließlich sollte die Welt von einem (tatsächlich nicht vorhandenen) Übel befreit werden (Elbe 2021, S. 4; Lenhard 2026, S. 6).

Gefährlich wird es jedoch, wenn Wissenschaftler:innen Thesen konstruieren, um daraus – wenn auch unausgesprochen – bestimmte ideologische Ableitungen auf die gegenwärtige politische Lage in Nahost zu ermöglichen: Die deutsche, europäische und israelische Erinnerungskultur bestehe auf die Singularität des Holocausts, damit Israel in der Auseinandersetzung mit den Palästinensern von der Weltgemeinschaft einen Freibrief in der Wahl der Mittel erhalte,[7] bilde also eine Form der instrumentellen Machtausübung (Illouz 2025, S. 61). Die Sichtweise, bei der Shoah handele es sich um ein rassistisches Kolonialverbrechen, wie andere auch, führt in postkolonialen Kreisen zu der Einschätzung, heutzutage seien die Palästinenser:innen die Opfer der Opfer und Israel führe den „Hitlerismus" einfach fort, sei also keinen Deut besser als die Nazis. Der Nahostkonflikt mutiert so von einer Auseinandersetzung zweier Ethnien zu einem manichäisch aufgeladenen Vernichtungsfeldzug (Elbe 2023, 159 f.) „Den Verfechtern multidirektionaler Erinnerung widerstrebt es, sich mit islamistischem Radikalismus, Antisemitismus und Terrorismus auseinanderzusetzen, vielmehr sind sie geneigt, aus dem Muslim ein ontologisches Opfer zu machen, oft auch nach dem Vorbild des jüdischen Opfers des Holocaust und des europäischen Antisemitismus" (Chaouat 2024, S. 282).

In einem Text mit dem Titel „On Palestine", einem Vorwort zu dem 2015 erschienenen Band *Apartheid Israel,* schrieb der postkoloniale Philosoph Achille Mbembe, dass die „Besetzung Palästinas [...] der größte moralische Skandal unserer Zeit" sei, „eine der entmenschlichendsten Torturen des Jahrhunderts, in das wir gerade eingetreten sind, und der größte Akt der Feigheit des letzten halben Jahrhunderts. Und da alles, was sie [d. h. die Israelis; d. A.] zu bieten bereit sind, ein Kampf bis zum Schluss ist, da sie bereit sind, den ganzen Weg zu gehen – Gemetzel, Zerstörung, schrittweise Ausrottung –, ist die Zeit für eine globale Isolation gekommen."[8] An diesem Textabschnitt ist die Dämonisierung Israels in einigen Teilen der postkolonialen Theorien sehr gut nachzuvollziehen. So lässt Mbembe bei seiner Skandalisierung nicht nur die zur Zeit der Veröffentlichung tagesaktuellen

---

[7] https://taz.de/Historiker-Traverso-ueber-den-7-Oktober/!6052159/ (15.10.2025)

[8] https://www.deutschlandfunkkultur.de/aleida-assmann-und-susan-neiman-zur-causa-mbembe-die-welt-100.html (12.09.2025)

Verbrechen des Assad-Regimes im syrischen Bürgerkrieg sowie die des Daesch, v. a. auch gegenüber den Jesid:innen beiseite, sondern ebenso andere grausame Ereignisse der letzten 50 Jahre, wie die chinesische Kulturrevolution, die Herrschaft der Roten Khmer in Kambodscha oder das Massaker von Srebrenica, um nur einige zu nennen. Dieses Exempel zeigt, dass nur Verbrechen relevant sind, in denen Opfer und Täter in die Schablone von *Kolonisierten* und *Kolonisierende* passen, die westlich-liberale Welt und als ihr machtvolles Sinnbild die Jüdinnen:Juden angeklagt werden können. Diese Überfokussierung auf den Nahostkonflikt findet seine Entsprechung dann auch in der Erregung und dem Aktivismus in großen Teilen sowohl der weltweiten muslimischen Gemeinschaften als auch der (radikalen) Linken. Jedenfalls ist dem Autor nicht bekannt, dass es in den westlichen Großstädten Demonstrationen zu anderen Auseinandersetzungen (Illouz 2025, S. 22 ff.) oder auch Besetzungen und Protestcamps an US- und europäischen Universitäten diesen Ausmaßes gegeben hätte – die im Falle des Nahostkonfliktes mitunter noch mit deutlich antisemitisch sowie mit eliminatorischen Phantasien aufgeladener Symbolik und den dazugehörigen Sprechchören ausgestattet sind. Erinnert sei hier an die roten Dreiecke, mit denen die Hamas in Propagandavideos feindliche Ziele markiert und die jetzt auch in westlichen Großstädten genutzt werden, um vermeintliche Zionist:innen zu brandmarken sowie mit dem Tod zu bedrohen.[9]

Auch Mbembes Vorwurf an Israel, seit jeher einzig die Ausrottung der Palästinenser:innen im Sinn gehabt zu haben, entbehrt jeglicher historischer Grundlage: So gab es in der langen Geschichte des Nahostkonfliktes u. a. mehrmals die Möglichkeit einer Eigenstaatlichkeit, die von den Vertreter:innen des Jischuvs bzw. Israels akzeptiert worden war, von palästinensischer bzw. arabischer Seite jedoch abgelehnt worden ist – so der Vorschlag der Peel-Kommission 1937, der UN-Teilungsplan von 1947, der Autonomievorschlag von Menachem Begin und Anwar as-Sadat 1978 in Camp David, der ebenfalls in Camp David ausgearbeitete Zwei-Staaten-Vorschlag von Ehud Barak und Bill Clinton im Jahr 2000 sowie das Angebot von Ehud Olmert an Mahmud Abbas im Jahr 2007/2008 (Morris 2023, S. 11). Zugleich finden die von arabischer bzw. palästinensischer Seite begonnen Kriege (z. B. der erste arabisch-israelischer Krieg 1948, der Sechs-Tage-Krieg 1967[10] oder

---

[9] https://taz.de/Pro-Palaestina-Bewegung-in-Berlin/!6012578/ (12.09.2025); https://www.masiyot.de/_files/ugd/efdcf6_7abe2bcc666e4bb7977669ff4cea6a6a.pdf (12.09.2025); https://www.jpost.com/diaspora/antisemitism/article-772592 (12.09.2025); https://www.zeit.de/kultur/2024-05/israel-proteste-gaza-propalaestina-antisemitismus/komplettansicht# (12.09.2025); https://www.facebook.com/juedischesforum/videos/3588367874716788 (12.09.2025); https://taz.de/Nach-Brandanschlag-gegen-Linkenpolitiker/!6143662/ (21.01.2026)

[10] Dieser begann mit einem Präventivschlag Israels gegen die an seinen Grenzen aufmarschierten bis zu 500.000 arabischen Soldaten und endete mit der Besetzung des Sinai,

der Jom-Kippur-Krieg 1973) sowie die unzähligen palästinensischen Terroranschläge (z. B. das Olympiaattentat 1972) in diesen Kreisen keine Erwähnung. Die beständige Nichterwähnung palästinensischen Terrors verneint zudem legitime israelische Sicherheitsinteressen (Bildungsstätte Anne Frank 2024, S. 18; Kirsch 2025, S. 148).

Mbembe steht archetypisch für postkoloniale Forschende – aber auch andere Akademiker:innen[11] –, die zugleich politische Aktivist:innen sind. Dies äußert sich oftmals in einer Nähe zur BDS-Kampagne (Baier 2021) – deren Gründungsaufruf im Übrigen auch von palästinensischen Terrororganisationen wie der Hamas, dem Palästinensischen Islamischen Jihad und der Volksfront zur Befreiung Palästinas (PFLP) unterzeichnet worden ist – oder der Anwendung der von dieser Organisation genutzten Protestformen, wie das Boykottieren israelischer Akteure und Produkte (Elbe 2023, S. 160). Mbembe, der sich darüber echauffierte, dass Stimmen laut forderten, dass er seine für die Ruhrtriennale 2020 geplante Eröffnungsrede aufgrund seiner Nähe zu BDS nicht halten dürfen solle, stilisierte sich in diesem Zusammenhang sogar als ein Opfer von deutschen Rechtsextremist:innen. Dabei hätte er sich über eine Ausladung gar nicht beschweren dürfen: Schließlich hatte er nur ein Jahr zuvor damit gedroht, selbst nicht zu einer Konferenz in Südafrika zu erscheinen, weil dort die israelische Psychologin und Friedensforscherin Shifa Sagy ihr palästinensisch-israelisches Friedensprojekt vorstellen wollte. Die Konferenzleitung gab dem von BDS ausgeübten Druck schließlich nach und sagte die gesamte Diskussionsrunde ab – wohlgemerkt mit einer Podiumsteilnehmerin, die sich tagtäglich für Frieden und Austausch einsetzt. „Wie einige BDS-Unterstützer neigt auch Achille Mbembe dazu, Israel als ultimativ unmoralisch zu dämonisieren" (Mendel 2023, S. 92–96).

Die kraftvollste Dämonisierung israelischer Politik besteht darin, sie explizit in die Nähe der Verbrechen des „Dritten Reiches" zu rücken. Denn was gibt es Schlimmeres als Nazis, die in zahlreichen Weltregionen auch symbolisch als *das* Böse schlechthin angesehen werden. Neu ist diese Perspektive nicht, wie die Ausführungen zum Israelbild in den sozialistischen Staaten Osteuropas gezeigt haben. Auch Masha Gessen setzt in einem Essay im *New Yorker* die Situation in Gaza im Dezember 2023 mit der Liquidierung eines nationalsozialistischen Ghettos in Osteuropa während des Zweiten Weltkrieges gleich, was Gaza in einen suggestiven Zusammenhang mit der Mordmaschinerie des Nationalsozialismus stellt. Gessen

---

der Golan-Höhen, des Westjordanlandes (zuvor durch Jordanien besetzt) und des Gaza-Streifens (zuvor durch Ägypten besetzt); siehe dazu Lenhard 2026, S. 3.

[11] Siehe z. B. auch: https://taz.de/Antisemitismus-an-US-Universitaet/!6023257/ (16.07.2024)

reiht sich damit ein in schon längere Zeit – seit deutlich vor dem 7. Oktober 2023 – bestehende Vorwürfe, Gaza sei nicht nur ein Freiluftgefängnis, sondern gleich dem Warschauer Ghetto (Kirsch 2025, S. 125 f.) oder gar ein KZ (Schwarz-Friesel 2020, S. 47).[12] Damit einher gehen auch freudige Bekundungen darüber, dass die Hamas am 7. Oktober einen „Gefängnisausbruch" unternommen habe.[13] Dass es in Gaza Universitäten gibt, Ferienhäuser und Hotels am Strand mit Schwimmbädern und Sauna[14] sowie Banken[15] lassen diese Personen hingegen unerwähnt, passt es doch nicht in ihr Narrativ. Aus demselben Grund blenden sie aus – oder scheinen es oftmals einfach nicht zu wissen –, dass Gaza auch eine 14 km lange Grenze zu Ägypten besitzt, die ebenfalls stark befestigt ist und verhindern soll, dass den Muslimbrüdern nahestehende Islamisten aus Gaza in das Nachbarland einsickern. Als *Kerkermeister* angeprangert werden die muslimisch-arabischen Ägypter dafür jedoch kaum, im Gegensatz zu den jüdischen Israelis.

Einige Vertreter:innen der postkolonialen Theorien gehen noch weiter: A. Dirk Moses deutet an, dass es sich bei der Shoah um einen „subalternen Genozid" handelte. Die Deutschen hätten sich von den Jüdinnen:Juden kolonialisiert gefühlt und deshalb den Holocaust ins Werk gesetzt, mit dem Ziel, sich vom Judentum zu befreien (Moses 2008, S. 37 ff.; dazu Klävers 2021, S. 121–131). Nicht nur widersprechen zahlreiche Argumente diesem Bild der Deutschen auf die Jüdinnen:Juden: Verwiesen sei hier auf die angebliche Macht des Weltjudentums, das rund um die Erde agiere, sowie die von Klaus Holz herausgearbeitete Kategorisierung des Judentums als das nicht binäre, sondern dritte Andere (s.o.). Zudem kritisiert Steffen Klävers die Nutzung des Begriffs „subalterner Genozid", da damit das Phantasma der Nazis an Glaubwürdigkeit gewinne. „Würde dadurch nicht die Ideologie der TäterInnen als nachvollziehbar übernommen?" (2021, S. 130) Implizit lässt der Interpretationsrahmen einer solchen Theorie zumindest die Möglichkeit zu, dass

---

[12] z. B. https://www.indymedia.org.uk/content/2009/07/434848.html (17.09.2025); https://www.normanfinkelstein.com/john-browns-body-in-gaza/ (12.09.2025); https://www.spiegel.de/politik/ausland/nahostkonflikt-vatikan-kardinal-vergleicht-gaza-streifen-mit-kz-a-600044.html (12.09.2025); https://taz.de/Neuer-Karikaturenstreit/!5169443/ (03.07.2025); Dabei wäre nach Israels Räumung und dem Abriss von 22 Siedlungen 2005 im Gazastreifen auch eine andere Zukunft möglich gewesen, hätte die dort regierende Hamas die vorhandenen Potentiale und finanziellen Hilfen der Weltgemeinschaft anders genutzt, siehe dazu https://www.zeit.de/politik/ausland/2014-07/gaza-israel-hamas-nahost-konflikt (25.04.2025).

[13] https://www.facebook.com/photo/?fbid=617604187211732&set=a.560496942922457 (12.09.2025)

[14] https://taz.de/Palaestinenser-in-Deutschland/!6007402/ (12.09.2025)

[15] https://www.welt.de/politik/ausland/article251379466/Raubueberfaelle-Bewaffnete-Gruppen-stehlen-66-Millionen-Euro-aus-der-Bank-of-Palestine.html (12.09.2025)

die Jüdinnnen:Juden schon damals die bösen Kolonialist:innen gewesen seien und die Nazis im moralischen Recht waren, sie mit *allen* Mitteln zu bekämpfen. Daraus folgt nicht nur, dass auch heute jegliche Form des Kampfes gegen Israel sowie das Judentum legitim sei, sondern auch die Bestätigung der uralten antijudaistischen Erzählung von der unveränderlichen niederträchtigen Natur des jüdischen Charakters.

Intersektionalität 5

Die Intersektionalität ist eine Weiterentwicklung der *triple-oppression-theory* bzw. der *race-class-gender-analysis,* die ab den 1970er Jahren einen wichtigen Grundpfeiler der radikalen Linken darstellten und ihre Ursprünge in der Frauenbewegung, im Kampf für die Gleichstellung von PoCs sowie der marxistischen Theorie zugleich hatten. Sie weisen darauf hin, dass Menschen nicht nur aufgrund einer Kategorisierung unter Unterdrückungsmechanismen leiden können, sondern aufgrund verschiedener. Beispielsweise ist eine Schwarze Arbeiterin mitunter einer dreifachen Diskriminierung ausgesetzt: als Teil der Arbeiterklasse, als *Person of Color* sowie als Frau (vgl. Carr 2010). Verschiedene Herrschafts-, Diskriminierungs- und Unterdrückungsformen als miteinander verbunden zu betrachten und nicht mehr isoliert, stellt das Grundanliegen der Intersektionalität dar, die heute um mannigfache Themenfelder angereichert ist: Auch Behindertenfeindlichkeit, Altersdiskriminierung, Ablehnung aufgrund von bestimmten Religionszugehörigkeiten oder der Zugehörigkeit zur LGBTQI+ -Community u. a. werden heute mitgedacht (Stögner 2022).

Karin Stögner betont, dass der Ausschluss gegenüber Jüdinnen:Juden zuweilen aus purem Antisemitismus erfolgt, der bewusst oder unbewusst als Kampf gegen Imperialismus bzw. Kolonialismus eingeordnet wird. Daneben sei er aber zugleich ein Produkt des im Bereich der Intersektionalität ungeklärten Verhältnisses von Rassismus und Antisemitismus (ebd.), das auch in der Wissenschaft hochgradig umstritten ist. Während die einen fast ausschließlich Gemeinsamkeiten betonen und damit beide Phänomene gleichsetzen, legen andere explizit Wert auf die Differenz der Phänomene. Der Pol dieser Debatte, der den Antisemitismus unter dem Begriff Rassismus zu subsumieren sucht, betont, dass Antisemitismus eine Form des innereuropäischen Rassismus sei – in beiden Phänomenen zeigten sich ähnliche

A. Neumann, *Antisemitismus in der politischen Linken*, essentials, https://doi.org/10.1007/978-3-658-50872-2_5

Zuschreibungs- und Ausgrenzungsmechanismen. Der Holocaust wird so als Ausbruch innereuropäischer kolonial-rassistischer Gewalt verstanden. Einen gemeinsamen Ursprung verorten Vertreter:innen in der Reconquista in Spanien im Jahr 1492, da sowohl Jüdinnen:Juden als auch Muslim:innen fortan nicht mehr als Religionsangehörige wahrgenommen wurden, sondern als Abstammungsgemeinschaften, die ausschließlich über das Blut zu charakterisieren seien. Nichtsdestotrotz seien sowohl Antisemitismus als auch antimuslimischer Rassismus bis heute religiös grundiert. Auch das mit der europäischen Aufklärung aufkeimende *Othering* beträfe sowohl Jüdinnen:Juden als auch andere rassifizierte Gruppen. Oft differenzieren Wissenschaftler:innen auch zeitlich aus: Aus dem biologistischen Rassismus der Kolonial- und NS-Zeit sei später ein kultureller Rassismus entstanden, als dessen Ursprung Étienne Balibar sogar den Antisemitismus bestimmt. Ebenso seien die Erfahrungen von Betroffenen mit *Othering,* Unsichtbarkeit und *Passing* ähnlich, schließlich dienen Rassismen u. a. der Projektion von beunruhigenden Zuständen auf *das Andere* (Arnold und Axster 2024, S. 82–85).

Gerade in der Antisemitismusforschung werden die Unterschiede hingegen deutlicher herausgestellt, auch wenn Gemeinsamkeiten beider Phänomene anerkannt werden, wie z. B. dass Jüdinnen:Juden wie *Rassen* als ethnische Gemeinschaften verstanden werden. Jedoch liegt der Ursprung des Antisemitismus im christlichen Antijudaismus: „Feindschaft als Argwohn gegen Jüdinnen und Juden gab es vereinzelt schon in der Antike, aber die Virulenz eines allumfassenden Ressentiments, die denk- und gefühlsbestimmende Differenzkonstruktion, die das Judentum zum Frevel in der Welt erklärte, entwickelte sich erst durch die Abspaltung des frühen Christentums von seiner Mutterreligion" (Schwarz-Friesel 2020, S. 49). Währenddessen ist der Kolonialismus für die Entstehungsgeschichte des Rassismus von enormer Bedeutung. Jüdinnen:Juden bilden für Antisemit:innen nicht nur eine Gefahr für das eigene Volk, sondern für alle Völker, sie sind keine andere Nationalität, sondern wie Klaus Holz herausgearbeitet hat, stellen sie die „Figur des Dritten" dar (Weyand 2024, S. 52 ff.). Rassismus basiert auf einer Hierarchisierung in vermeintlich überlegene sowie minderwertige *Rassen*. Die Angehörigen einer angeblich zivilisatorisch weiterentwickelten Ethnie fühlen sich gegenüber rassifizierten Menschen überlegen, da diese als triebgesteuert, primitiv, aggressiv und zurückgeblieben charakterisiert werden. Deshalb dürften diese auch ökonomisch ausgebeutet werden. Im Unterschied zu diesen rassifizierten Gruppen und kolonialisierten Völkern werden Jüdinnen:Juden in Bezug auf ihren angeblichen Einfluss als mächtig stilisiert: Schon in den *Protokollen der Weisen von Zion* sind sie es, die aufgrund ihres Einflusses in der Politik, in den Medien und im Finanzwesen aus dem Verborgenen die Geschicke der Welt lenken. Diese Art von

Verschwörungsmythen spielen im Rassismus keine Rolle (Stögner 2022). Der moderne Antisemitismus hingegen stellt ein allgemeines Weltbild sowie ein Welterklärungsmodell bereit (Ullrich 2024, S. 249). Zugleich, so Karin Stögner, werden Jüdinnen:Juden auf körperlicher Ebene als minderwertig betrachtet – oft mithilfe der Darstellung von scheinbar degenerierter Physiognomie (Stögner 2022). Der moderne Antisemitismus bezieht sich eher auf den unsichtbaren, den im Verborgenen agierenden *Juden*. Er ist als Hass nach „oben", auf das vorgeblich Privilegierte, Überlegene und Mächtige zu verstehen, während sich der Hass auf PoCs tendenziell nach „unten" richtet (Diner 2019, S. 485 f.). Antisemitismus stellt ein reines Phantasma dar. Er ist zu verstehen als eine sozial hergestellte Konstruktion, die unabhängig von der Präsenz oder dem Verhalten von Jüdinnen:Juden existiert. Er gestaltet sich als eine Projektion auf alles Jüdische, dessen (psychische) Triebkraft im Affekthaushalt seiner Träger:innen verankert ist (Chernivsky/Lorenz-Sinai 2024, S. 12).

> Judenhass ist nicht in erster Linie ein sozialpsychologisches, sondern ein kulturelles Phänomen, und judenfeindliche Topoi sind integraler Bestandteil der abendländischen Religions- und Geistesgeschichte. Und so muss man immer wieder konstatieren, dass antisemitische Konzepte/Stereotype und Sprachgebrauchsmuster seit 2000 Jahren fest und tief verankert im kulturellen und kommunikativen Gedächtnis sind, gerade weil nicht nur die ungebildeten Randfiguren, sondern die Vordenker, die Vorbilder, die die kulturelle Sphäre der Gesellschaft prägten, sie über die Jahrhunderte etabliert und tradiert haben (Schwarz-Friesel 2020, S. 49 f.).

Trotz dieser in der Debatte oft aufgeheizten Pole plädieren einige Forschende dazu, Antisemitismus zwar nicht allein als eine Form des Rassismus zu denken, aber auch nicht als eine vollkommen von diesem getrennte Erscheinung, alle Ansätze hätten eine gewisse Berechtigung (z. B. Arnold und Axster 2024, S. 85; Stögner 2022, Ullrich 2024, S. 250).

In zahlreichen intersektionalen Zusammenhängen wird Antisemitismus schlicht als eine Form des Rassismus aufgefasst, aber als eine historisch überkommene. In der heutigen Welt mit den in ihr herrschenden Machtverhältnissen habe diese Art von Rassismus kaum noch Bedeutung. Seinen Ausgangspunkt nahm diese Perspektive bei W. E. B. Du Bois. Für das 20. Jahrhundert hatte der Schwarze Soziologe aus den USA den Gegensatz von Schwarz und Weiß – die sogenannte *Color Line* – als die zentrale Konfliktlinie identifiziert. Dieses Analyseschema findet seine Fortsetzung in der *Critical Whiteness*. Genauso wie das Konzept der *Color Line* insbesondere auf die gesellschaftlichen Zustände in den Vereinigten Staaten zutreffend ist, spricht auch die *Critical Whiteness* wichtige Punkte an, wie bewusste oder unbewusste Privilegien, Sichtbarkeit, Macht und den Zugang zu Ressourcen, die mit *Weißsein* verbunden sind. Werden Jüdinnen:Juden in diesem

Konzept als *Weiße* gelesen, scheinen sich an ihnen die typischen Merkmale des modernen Antisemitismus zu bestätigen: Als Gruppe muten sie als besonders mächtig an, mit überproportionalem Einfluss auf die weltweite Politik, Medien und Wirtschaft. So mutieren sie gar zu *Super-Weißen*, denen aufgrund dessen kein Platz im Kreis der verfolgten und verunglimpften Gruppen zugestanden wird (Stögner 2022).

Diese Perspektive, der zufolge Jüdinnen:Juden heute nicht mehr unter Anfeindungen und Hass leiden würden, sondern zu einer ausschließlich unterdrückenden Gruppe gehörten – sie werden als zu mächtig imaginiert, als dass sie Opfer sein könnten – gewinnt gerade aufgrund der Intersektionalität an Brisanz: Die Verquickung sämtlicher Felder der (vermeintlichen) Repression führt zugleich zu einer Vereinheitlichung der ausgemachten Tätergruppe. Dies fördert nicht nur teils merkwürdig anmutende Konstellationen zu Tage, sondern auch Verknüpfungen, die in höchstem Maße paradox wirken und schließlich Antisemitismus reproduzieren. So lud bereits im Jahr 2022 ein Instagram-Aufruf der trotzkistischen Jugendgruppe Revolution für eine Klimademo der Organisation Ende Gelände mit dem Slogan „Von Hamburg bis nach Gaza – Klima-Intifada" dazu ein, sich anzuschließen.[1] In dem Aufruf werden kurzerhand die Themen Umwelt- bzw. Klimarettung mit dem Nahostkonflikt kombiniert und durch die Herstellung eines Sinnzusammenhanges zwischen beiden – ganz im Sinne überkommener Verschwörungsmythen – zumindest implizit das Judentum auch noch für die kommende Klimakatastrophe verantwortlich gemacht. Die aus solch einem Aufruf mögliche Folgerung, zur Rettung des Klimas müsse Israel in Form einer Intifada bekämpft werden, findet ihr Echo dann auf einer Klimademonstration in Amsterdam am 12. November 2023, auf der die Aktivistin Greta Thunberg mit der Menge „No climate justice on occupied land" skandiert.[2] Der in diesem Zusammenhang von Teilen der internationalen Klimabewegung erhobene Vorwurf, Israel stelle Gaza fast ausschließlich kontaminiertes Wasser zur Verfügung, erinnert sehr an das antijudaistische Topos von der Brunnenvergiftung.[3] Dass zumindest alles miteinander in Verbindung steht, zeigt sich im Protestcamp in Grünheide bei Berlin, das Aktivist:innen errichtet haben, um den Ausbau der dort ansässigen Tesla-Gigafactory zu unterbinden. Auch bei diesem Protestereignis zu einem lokalen

---

[1] https://taz.de/Klimabewegung-und-Antisemitismus/!5876248/ (21.07.2025); einsehbar unter: https://x.com/Theoristen/status/1557361512402096133 (21.07.2025)

[2] https://www.euronews.com/green/2023/11/13/no-climate-justice-on-occupied-land-man-grabs-greta-thunbergs-mic-over-pro-palentinian-cha (12.09.2025)

[3] https://www.movebeyondcoal.com/palestinesolidarity (12.09.2025); https://www.juedische-allgemeine.de/politik/fridays-for-intifada/ (12.09.2025)

Anliegen werden Diskussionsveranstaltungen zum Nahostkonflikt durchgeführt,[4] wobei die Offenheit der Diskussionen infrage gestellt werden kann, wenn bereits Palästina-Solidaritätsbanner über dem Camp gehisst worden sind.[5] Baumbesetzende Anarchist:innen aus dem Hambacher Forst äußern sich ebenfalls ausgiebig und theorielastig, wenngleich ideologisch-dogmatisch und völlig einseitig zum Nahostkonflikt.[6] Teilnehmende des *System Change Camps* in Frankfurt am Main beschreiben die hinsichtlich der noch verbliebenen Hamas-Geiseln erhobene Forderung „bring them home now" als israelische Genozid-Propaganda von Zionist:innen.[7]

Mit der Anerkennung des Überfalls auf Israel am 7. Oktober 2023 als legitimen Widerstand solidarisieren sich zahlreiche Gruppen mit der islamistischen Hamas, einer Organisation, die Werte vertritt, die Linke aller Spektren ansonsten entschieden ablehnen und nicht müde werden, anzuprangern. Besonders augenfällig wird dies im Zusammenhang mit dem Feminismus. So ist es nach dem 7. Oktober um zahlreiche internationale Frauenrechtsorganisationen unüberhörbar still geblieben in Bezug auf die während des Massakers systematisch als Kriegswaffe verübten sexualisierten Gewaltakte. Einige, wie Judith Butler, zweifelten diese Berichte prinzipiell an, obwohl es davon zahlreiche Bilddokumente gibt. In einem gesellschaftlichen Bereich, in dem grundsätzlich den Frauen geglaubt wird, ist diese Ignoranz sehr vielsagend: Es wird Jüdinnen nicht zugestanden, Opfer zu sein. Andere Gruppen und Akteure leugnen nicht. Sie legitimieren diese implizit mit Aussagen, denen zufolge im Widerstandskampf alles erlaubt sei.[8]

Aus der LGBTQI+-Community erklingen auch zahlreiche „pro-palästinensische" Stimmen. Die Slogans „No Pride in Genocide and Apartheid" und „None of us are free until all of us are free" prangen, garniert mit einem grün ausgefüllten Umriss Israels, der Farbe des Islam bzw. der Hamas, vom Aufruf zum Internationalistischen Queer Pride am 27.07.2024 in Berlin.[9] Dort war u. a. auf Plakaten „Queers Destroy

---

[4] https://taz.de/Aktionscamp-in-Gruenheide/!6006311/ (12.09.2025)

[5] https://www.klassegegenklasse.org/tesla-vs-besetzung-wie-aktivistinnen-den-ausbau-der-gruenheide-gigafactory-bekaempfen/ (12.09.2025)

[6] https://hambacherforst.org/blog/2024/06/03/in-solidaritaet-mit-palaestina-eng/ (17.09.2025)

[7] Blut an euren Händen // Blood on your hands | de.indymedia.org (23.09.2025)

[8] https://www.nd-aktuell.de/artikel/1180582.israel-und-palaestina-oktober-freiheitskampf-widerstand.html (12.09.2025); https://taz.de/Sexualisierte-Gewalt-der-Hamas/!5994549/ (25.09.2025); https://editionf.com/politik-gesellschaft/7-oktober-selbstverstandnis-frau-mutter-juedin-antisemitismus-feminismus/ (12.09.2025); https://taz.de/Expertin-ueber-se-xuelle-Hamas-Gewalt-/!6113393&s=hamas/ (16.09.2025)

[9] https://stressfaktor.squat.net/node/306443 (26.07.2024)

Zionists" zu lesen und Teilnehmende formten mit ihren Händen Hamas-Dreiecke.[10] Dabei wirkt es besonders paradox, wenn als eindeutig queer zu lesende Personen nicht erst seit der israelischen Reaktion auf das Hamas-Massaker grundsätzlich Partei gegen Israel ergreifen.[11] Denn während auch palästinensische Queers in Israel relativ frei ein selbstbestimmtes Leben führen können, sind sie im Gazastreifen, wie in vielen anderen Ländern des Nahen und Mittleren Ostens, explizit mit dem Tode bedroht (Kirsch 2025, S. 116 f.).[12] Einen Abgleich mit der Realität hält diese intersektionale Solidarität jedoch nicht immer Stand, bspw. wenn sich innerhalb der Gaza-Solidaritätsflotte muslimisch-konservative Teilnehmende an den sich ebenfalls an Bord befindenden Queer-Aktivist:innen stören, da deren progressive kulturelle Agenda einen Angriff auf die sozialen Werte der muslimischen Palästinenser darstelle.[13]

Seit Jahren kursiert in der Szene gegenüber Israel der Vorwurf des *Pinkwashing*. Allgemein bezieht sich dieser auf eine Marketingstrategie von Unternehmen, die für ein besseres Image Positionen zur Gleichstellung beziehen, z. B. indem sie vor ihren Firmensitzen die Regenbogenflagge hissen. Damit einher geht der Verdacht, dass sie mit einer solchen Strategie versuchen, andere Vergehen wettzumachen oder zu überspielen. Israel wird beschuldigt, mit seiner liberalen Gleichstellungspolitik nicht nur für ein positives Bild des jüdischen Staates in der Weltöffentlichkeit zu sorgen. Gleichzeitig diene diese *gay-propaganda* dazu, Muslime und den Islam als rückständig zu markieren und so zu exkludieren. Dabei sei Israel zu einem gewissen Grad selbst verantwortlich für die Unterdrückung von Mitgliedern der LGBTQI+-Community in den palästinensischen Gebieten, da es keine sexuelle Freiheit geben könne, solange keine vollkommene gesellschaftliche Selbstbestimmung existiere. Allerdings können mit dieser Art Kritik alle progressiven Entwicklungen der israelischen Gesellschaft als berechnend und rein instrumentell interpretiert und kritisiert werden (Rabuza 2012). Das Narrativ von der inhärent genuinen Tücke des jüdischen Wesens bricht sich somit auch hier Bahn.

All diese Entwicklungen sind Abbilder des klassischen Marxismus-Leninismus. Wie dort der Kapitalismus als Ursache für sämtliche in der Welt existierenden Un-

---

[10] https://www.tagesspiegel.de/berlin/palastina-pride-und-neonazis-zahlreiche-zwischen-falle-bei-protesten-abseits-des-christopher-street-days-in-berlin-12099149.html (20.08.2025)

[11] Am Beispiel der Lesbenwoche 1985 sowie dem lesbischen Berliner Dyke March 2024: https://www.tagesspiegel.de/kultur/antisemitismus-beim-dyke-march-soliabend-manche-traditionen-gehoren-abgeschafft-12033164.html (24.07.2024)

[12] https://www.nytimes.com/2016/03/02/world/middleeast/hamas-commander-mahmoud-ishtiwi-killed-palestine.html (12.08.2024)

[13] https://jungle.world/blog/von-tunis-nach-teheran/2025/09/zoff-der-gaza-flotilla-wegen-lgbt-teilnehmern (25.09.2025)

gerechtigkeiten herhalten muss – mit der absurden Folgerung, dass ohne die Marktwirtschaft Probleme wie Rassismus, Umweltzerstörung, Queerfeindlichkeit, Misogynie oder Militarismus quasi nicht existent wären – ist es hier Israel, das all dieser Vergehen bezichtigt wird. In der Feindbildkonstruktion ist Israel Personifikation bzw. Sinnbild für den Kapitalismus (Kirsch 2025, S. 129 ff.). Die Kommunistische Organisation (KO) stellt in ihrem Statement zum 7. Oktober dementsprechend fest: „Der Zionismus ist als Ideologie und System ein Feind der weltweiten Arbeiterklasse.“[14] Allgemein wird mit Slogans wie „No climate justice on occupied land", „Decolonise Feminism – Free Palestine"[15] oder in der Parteinahme „Queers for Palestine" von Aktivist:innen gegen die Unterdrückung von LGTBQI+ eine Mehrfachdiskriminierung der palästinensischen Bevölkerung durch Israel suggeriert, eine Bandbreite, die normalerweise nur dem Kapitalismus *per se* zugeschrieben wird. Die Einordnung Israels als faschistischer Staat – eine Kategorisierung, die in Teilen der postkolonialen Theorien „wissenschaftlich" fundiert wird – ist damit nur konsequent.

Während im theoretischen Kommunismus die Welt zumeist strukturell und abstrakt analysiert worden ist, biologisiert ein Teil der neuen Linken den Kapitalismus über das Feindbild Israel und setzt es identitär mit allen Übeln, die es zu bekämpfen gilt. Da der gedankliche Sprung von Israel zu *den Juden,* wenn überhaupt, zumeist nur ein Trippelschritt ist, entpuppt sich der vorgebliche Antizionismus auch aufgrund der oft anzutreffenden Dämonisierung recht häufig als camouflierter Antisemitismus.[16] Man könnte meinen, ein altes Credo von Martin Luther, Heinrich von Treitschke und schließlich dem *Stürmer* hier gedanklich erneut anzutreffen: „Die Juden sind unser Unglück!".[17]

---

[14] https://kommunistischepartei.de/stellungnahmen/der-terrorist-heisst-israel/ (12.09.2025)

[15] https://www.facebook.com/juedischesforum/videos/8220159131668 23/?mibextid=rS40aB7S9Ucbxw6v (12.09.2025) siehe Banner bei 1:20 min.

[16] Nicht jeder Antizionismus ist antisemitisch. So waren bspw. von Beginn der zionistischen Bewegung an auch Jüdinnen:Juden gegen die Gründung eines jüdischen Staates, weil sie die Assimilation in den Gesellschaften ihrer Herkunftsländer anstrebten oder aus orthodoxen Motiven die Schaffung eines weltlichen Staates zu dieser Zeit aus religiösen Gründen ablehnten. Mitunter verwehren sich auch linke Jüdinnen:Juden gegen die Fremdassoziation mit dem jüdischen Staat. Ausführlich zu Facetten, Genese und Widersprüchen des Begriffs, aber auch zu teils deutlichen Korrelationen zwischen antizionistischen und antisemitischen Einstellungen siehe Arnold 2016, S. 34–38. Gleichzeitig gibt es Zionist:innen in allen politischen Spektren, sodass die oftmals pauschal vorgetragene Charakterisierung von Zionist:innen als Rechtsradikale nicht haltbar ist.

[17] Tatsächlich hängte der Kreisverband Dortmund der rechtsextremistischen Partei Die Heimat (ehem. NPD) nur Tage nach den Anschlägen der Hamas zum Ausdruck der Solidarität eine Palästinaflagge und ein Banner mit der Aufschrift „Der Staat Israel ist unser Unglück" auf (Suder und Butt 2024, S. 40).

Islamist:innen als neue revolutionäre Subjekte?   6

Genauso wie Israel bzw. die Jüdinnen:Juden als personifizierter Kapitalismus wahrgenommen werden, dient die Kufiya als Symbol für den Widerstand dagegen, wie zuvor nur das ikonische Konterfei von Ché Guevara[1] oder die Proteste gegen den Vietnamkrieg in den 1960er Jahren, in deren Tradition und Nachfolge sich viele der Demonstrierenden an westlichen Universitäten sehen.[2] Sie ist so sehr mit revolutionärem Pathos bzw. Revolutionsromantik aufgeladen, dass Banner mit allgemeinen Forderungen auf der Revolutionären 1. Mai-Demo in Berlin inzwischen im Design des sogenannten Pali-Tuchs gehalten sind.[3] Dies deutet die ideologische Verzahnung von Nahostkonflikt sowie angestrebtem erdumspannenden Umsturz der herrschenden Verhältnisse an. Die Palästinenserflagge ist wohl die einzige Nationalflagge, die auf Demonstrationen der Nationalstaaten grundsätzlich ablehnenden radikalen Linken weht.[4] Die gegen Israel gerichtete Intifada wird zum allgemeinen Fanal für die globale Revolution zum Sturz der kapitalistischen westlichen Weltordnung.[5] Nicht nur einige Trotzkist:innen fordern, dass der Deutsche

---

[1] https://www.nzz.ch/panorama/arafat-chaled-und-thunberg-die-kufiya-ist-ein-stueck-stoff-mit-politischer-schlagseite-ld.1765591 (12.09.2025)

[2] https://campforpalestine-koeln.org/ (15.10.2025)

[3] https://www.welt.de/politik/deutschland/article251306274/1-Mai-Demo-Die-linksautonome-Szene-ist-Geschichte.html (12.09.2025)

[4] Abgesehen von Flaggen (ehemaliger) sozialistischer Staaten wie Kuba, Venezuela oder auch Russland, die dogmatische Traditionsmarxist:innen bei entsprechenden Demonstrationen mitführen.

[5] https://taz.de/Propalaestinensische-Demonstrationen/!5968257/ (12.09.2025); https://www.linksjugend-solid.de/beschluss/nie-wieder-zu-einem-voelkermord-schweigen/ (11.11.2025): „Ebenso muss auch die Befreiung Palästinas als Teil einer breiteren demo-

A. Neumann, *Antisemitismus in der politischen Linken*, essentials, https://doi.org/10.1007/978-3-658-50872-2_6

Gewerkschaftsbund zum Generalstreik aufrufen und sich einer globalen Intifada anschließen möge, der dann ein sozialistisches Palästina folgt.[6] Andere rufen zu einem von Hunderten von Millionen Proletarier:innen und Unterdrückten zu erkämpfenden Palästina als Teil eines Bündnisses von Arbeiterrepubliken auf, einer „Sozialistischen Föderation des Nahen Ostens", als Markstein einer globalen klassenlosen Gesellschaft.[7] Der Schlachtruf „There is only one solution, Intifada Revolution"[8] dient als dazugehöriges ideologisches Bekenntnis. Der Kampf gegen Israel stellt „die vorderste Front einer globalen Befreiungsbewegung" dar und die „Palästinenser:innen dienen als Projektionsfläche für die eigenen Revolutionsfantasien" (Suder und Butt 2024, S. 41).[9] Um diese zu verwirklichen, werden dann auch (un-)heilige Allianzen mit den vor Ort Handelnden eingegangen, die im Falle Gazas eben die Islamisten von Hamas, Islamischer Dschihad *et al.* sind. Der langjährige Vorsitzende der britischen Labour-Partei Jeremy Corbyn verfasste nicht nur 2011 ein Vorwort zu einer Neuauflage von John Hobsons *Imperialism*,[10] sondern bezeichnete Vertreter von Hamas und Hisbollah auf Veranstaltungen als seine Freunde (Pfeffer 2019, S. 373). Dies findet nicht nur symbolischen bzw. akklamatorischen Widerhall in Demo-Slogans, die die Huthis im Jemen – ebenfalls Proxys der iranischen Ayatollahs – unterstützen[11] oder in an US-amerikanischen Universitäten skandierten Liedern mit Texten wie „We say justice, you say how? Burn

---

kratischen und sozialistischen Revolution betrachtet werden, die den Imperialismus und Kapitalismus aus der Region herauswirft und wirkliche Gleichberechtigung und Selbstbestimmung schafft. Es ist unsere Aufgabe als Sozialist:innen in Deutschland, die revolutionären demokratischen und sozialistischen Bewegungen in der Region zu unterstützen und den deutschen Staat daran zu hindern, die Revolution mithilfe seiner Verbündeten in der Region niederzuwerfen und demokratische und sozialistische Ansätze zu unterdrücken."

[6] https://taz.de/Pro-Palaestinensische-Demo-in-Berlin/!5970809&s=graut%C3%B6ne%2Bnicht%2Berw%C3%BCnscht/ (12.09.2025)

[7] https://www.klassegegenklasse.org/die-farce-der-zwei-staaten-loesung-und-die-sozialistische-perspektive-fuer-palaestina/ (13.08.2025)

[8] https://www.tagesspiegel.de/berlin/teilnehmer-und-polizisten-verletzt-nakba-demonstration-am-berliner-sudstern-wegen-erheblicher-straftaten-aufgelost-13687342.html (16.05.2025)

[9] „Es geht nicht um die Palästinenser selbst, sondern um die symbolische Aufladung von ‚Palästina'", so der Nahostwissenschaftler Tom Khaled Würdemann im Interview mit der Zeit, siehe: https://www.zeit.de/2025/43/gaza-plan-nahostwissenschaftler-frieden-donald-trump-tom-khaled-wuerdemann/komplettansicht (20.10.2025).

[10] https://www.thejc.com/news/features/the-historical-left-really-was-for-the-many-not-the-jew-eyome8gd (17.07.2024)

[11] https://www.sdaj.org/2024/02/09/yemen-yemen-make-us-proud-turn-another-ship-around/ (12.09.2025)

Tel Aviv to the ground. Go Hamas, we love you. We support your rockets too."[12] Es zeigt sich auch in analogen bzw. digitalen Verlautbarungen wie „Glory to Hamas".[13] Diese Verbundenheit findet auf theoretischer und organisatorischer Ebene statt bzw. soll vertieft werden, wenn auf Diskussionsveranstaltungen in einigen vermeintlich progressiven Berliner Kulturzentren unter Titeln wie „Leftists and Islamists working together?!" explizit über die Bedingungen der Zusammenarbeit zwischen Linksradikalen und Islamisten informiert wird.[14] Dass es dabei nicht um ein *ob*, sondern nur um ein *wie* geht, zeigt das Ausrufezeichen deutlich. Revolutionäre palästinensische Gruppen dienen dabei als Scharnier zwischen europäischen Linksradikalen und Islamisten aus dem Nahen und Mittleren Osten, die über Videokonferenzen zusammengebracht werden.[15] Am inzwischen verbotenen Al-Quds-Tag, auf dem regelmäßig Sprechchöre zu hören waren, wie „Kindermörder Israel" oder „Jude, Jude, feiges Schwein, komm heraus und kämpf allein" nahmen auch dogmatische Linksextremist:innen teil.[16] Während die erstgenannte Parole eine Abwandlung sowohl des christlichen Vorwurfs des Christus-Mordes als auch eine Anknüpfung an die mittelalterliche Ritualmordlegende darstellt, sprechen beide generell Jüdinnen:Juden bzw. Israel die Fähigkeit ab, ehrenhaft, souverän und legitim Gewalt anzuwenden. Stattdessen bedienen sie das Bild des hinterhältigen jüdischen Charakters (Diner 2019, S. 469–473). Ohne explizit antiisraelischen oder antisemitischen Bezug hatte schon 2014 eine Broschüre der Rosa Luxemburg-Stiftung für eine Zusammenarbeit der radikalen Linken mit Islamist:innen geworben. Darin wird deutlich, dass die Grundlage einer Zusammenarbeit in der von den Autor:innen angenommenen grundsätzlichen antiwestlichen kapitalismuskritischen Ausrichtung von Salafist:innen *et al.* besteht.[17]

---

[12] https://www.jpost.com/diaspora/antisemitism/article-798160 (12.09.2025)

[13] https://taz.de/Propalaestinensische-Proteste-in-Indiana/!6006997/ (16.07.2024)

[14] https://t.me/zg_fhain/320 (12.09.2025); siehe auch die innerlinke Kritik an dieser Veranstaltung: https://de.indymedia.org/node/321752 (12.09.2025)

[15] https://www.faz.net/aktuell/feuilleton/hamas-nahe-gruppe-masar-badil-haelt-internet-seminare-110064912.html (28.10.2024); siehe auch: https://democ.de/documents/31/Dossier-Masar-Badil_democ.pdf (24.10.2024)

[16] http://jugendwiderstand.blogspot.com/2019/06/al-quds-demo.html#more   (11.07.2024), https://www.juedische-allgemeine.de/politik/ausschreitungen-bei-demonstration/ (11.07.2024)

[17] https://www.rosalux.de/fileadmin/rls_uploads/pdfs/Materialien/Materialien17_Politischer_Islam.pdf (25.04.2025) „Konträr zu der Gefahr islamischer Radikalisierung gibt es aber auch intensive Debatten junger Islamisten, die die konterrevolutionäre Wende als Teil der Strukturprobleme des globalen Kapitalismus sehen und sich globalisierungskritischen Positionen annähern. Indem man diese jungen islamistischen Aktivisten in Netzwerke der

Dass derart angelegte Bündnisse auch in der Mitte Europas Wahlen inzwischen massiv beeinflussen können, offenbarte der zweite Wahlgang der französischen Parlamentswahlen im Juli 2024. Der Linkspopulist Jean-Luc Mélenchon und seine Partei La France Insoumise (LFI) stellten innerhalb des siegreichen Linksbündnisses den stärksten Block. Ein beachtliches Wählerreservoir hatte er schon zuvor in den maghrebinisch und arabisch geprägten Quartieren der Großstädte ausgemacht und sein Werben um diese Stimmen an antijüdischen und antiisraelischen Ressentiments ausgerichtet – eine Strategie, die postmoderne Theoretiker:innen schon länger verfolgen, um antikapitalistische revolutionäre Potenziale zu generieren (u. a. Chaouat 2024, S. 319 f.). Ob Mélenchon selbst sie verinnerlicht hat oder die Narrative nur instrumentalisiert, sei dahingestellt: Er weigerte sich, die Hamas als Terrororganisation zu bezeichnen. Stattdessen sei diese eine Widerstandsbewegung. Zu einem der führenden Köpfe seiner Partei stilisierte er schon für die Europawahlen im Juni die Franko-Palästinenserin Rima Hassan, die zuvor mit antisemitischen Äußerungen aufgefallen war. Auch nahm Mélenchon schlagzeilenträchtig an islamistischen Demonstrationen teil und inszenierte seine Wahlkampfveranstaltungen als Anti-Israel-Proteste.[18] Seine Forderung im Nachgang der Wahl an den Präsidenten Emmanuel Macron, die erstplatzierte linke Volksfront – in der Mélenchon aufgrund bestimmter Positionierungen aber ebenfalls umstritten ist – mit der Regierungsbildung zu beauftragen, deutet die mit linksradikal-islamistischen Bündnissen inzwischen verbundene Machtoption an.[19]

Strategische Allianzen mit Angehörigen anderer Klassen zu realisieren, ist der marxistisch-leninistischen Theorie nicht fremd. So sollte die Arbeiterklasse stets strategische und auf Zeit angelegte Bündnisse auch mit anderen Klassen eingehen.

---

globalisierungskritischen Bewegungen einbezieht und ihnen begreiflich macht, dass derselbe globale Kapitalismus auch innerhalb der westlichen Länder zu Ausgrenzung, Abbau von Sozialstandards und Aushöhlung demokratischer Rechte führt, dass es aber auch kritische Bewegungen im Westen dagegen gibt, kann man antiwestliche Feindbilder umlenken in produktive Widerstandsstrategien für eine gerechtere soziale Weltordnung. Hier könnten linke Bewegungen und Institutionen in Deutschland eine wichtige Rolle spielen. […] Eine starke arabische Linke, die zugleich offen ist für eine Kooperation mit den islamistischen Kräften, die die Ziele der Revolution teilen, kann das Gewicht fortschrittlicher, kapitalismuskritischer Strömungen innerhalb islamistischer Bewegungen stärken. Es wäre ein großer Verdienst, wenn es der Rosa-Luxemburg-Stiftung in ihrer Arbeit im Nahen Osten und in Nordafrika gelänge, einen Dialog zwischen islamistischen und linken AktivistInnen zu fördern" (S. 21 f.).

[18] https://www.n-tv.de/politik/politik_person_der_woche/Jean-Luc-Melenchon-Frankreichs-linker-Wahlsieger-ist-aggressiv-antideutsch-und-antisemitisch-article25073523.html (11.07.2024); https://taz.de/Antisemitismus-in-Frankreich/!6020692&s=melenchon/ (15.07.2024)

[19] https://www.watson.ch/international/frankreich/425132305-wahlen-in-frankreich-wird-linkspopulist-melenchon-neuer-premier (11.07.2024)

Lenin hatte schon während des Umbruchs in Russland, der schließlich zum Sturz des Zaren und der Errichtung der Sowjetunion führte, die These verfochten, dass die bürgerlich-demokratische Revolution als Vorstufe der proletarischen Revolution anzusehen sei und so vom Proletariat unterstützt werden müsse. Deshalb forderte er auch, dass in den nationalen Kämpfen der einheimischen Bevölkerung um Souveränität und Befreiung von fremdem Imperialismus die revolutionären Bewegungen erst einmal mit den nationalen bürgerlichen Kräften zusammenarbeiten sollten (1966, S. 138). Aber selbst aus einer linksradikalen Perspektive ist es ein essenzieller Unterschied, ob linke progressive Gruppen strategisch gemeinsam mit *dem Bürgertum* koalieren oder mit Klerikalen, die eine islamistische Theokratie anstreben. Denn nach marxistisch-leninistischen Verständnis kommt der *Bourgeoisie*, jedenfalls im Verhältnis zu Adel und Klerus, eine revolutionär-fortschrittliche Rolle zu. Bei der aktuellen Zusammenarbeit zwischen Linken und Islamist:innen werden jedoch Bündnisse geschmiedet, in denen die (vermeintlich) progressiven Kräfte gemeinsam mit reaktionären Auto- und Theokraten gegen das aus ihrer Sicht bürgerliche Israel – verstanden immer auch als Symbol für die westlich-liberal-kapitalistische Welt – kämpfen. Bekennende Trotzkist:innen vertreten in ihren Instagram-Stories Aussagen wie: „Da, wo sich Islamisten in der Opposition befinden, sollte unsere Leitlinie sein: ‚Mit den Islamisten manchmal, mit dem Staat niemals.‘"[20] Mit solcherart Bündnispartner:innen – einige sprechen zugespitzt von islamo-faschistischen bzw. theofaschistischen (Chaouat 2024, S. 8) Akteuren – wenden sich diese linksradikalen Gruppen paradoxerweise gegen fortschrittliche liberale Errungenschaften der westlichen Demokratien, deren Einführung sie oft nicht nur für sich reklamieren, sondern die die Grundlage und einige Etappen auf dem Weg zu ihrer ureigenen Zukunftsvision darstellen – zumindest werden sie in ihrer langen Geschichte nicht müde, dies zu betonen.

Es drängt sich der Eindruck auf, dass die palästinensische Bevölkerung und ihr Schicksal für einen Großteil der Radikalen nur instrumentellen Charakter haben, denn ansonsten müssten sie ja in erster Linie die islamistischen, nihilistischen, totalitären, reaktionären, nepotistischen, kleptokratischen, patriarchalischen und korrupten Palästinenserführungen kritisieren (Lenhard 2026, S. 8).[21] Insbesondere müsste auch Kritik an der zynischen Inkaufnahme ziviler palästinensischer Opfer

---

[20] https://www.zdf.de/nachrichten/politik/deutschland/pro-palaestina-szene-berlin-radikalisierung-angriffe-antisemitismus-100.html (24.10.2024)

[21] https://de.indymedia.org/node/518521 (16.06.2025); „Zunächst stehen diese Linken nicht ‚an der Seite der Palästinenser‘, sondern objektiv an der Seite der Hamas und des Islamischen Djihad, unter denen auch viele Palästinenser und erst recht Palästinenserinnen leiden" (Grigat 2025, S. 44).

durch die Hamas nicht einfach nur stärker betont werden, diese Kritik müsste überhaupt erst einmal in den Diskurs verschiedener Milieus – darunter auch in denjenigen diverser linker Strömungen – Einzug halten (Hasche 2024, S. 133; Benhabib 2023). Jedoch ist dies unmöglich, solange die Hamas mit ihren Zielen und Methoden in der Argumentation vieler linker Zusammenschlüsse nicht stattfindet (Scharf und Kreuzer 2024, S. 41).[22] Man könnte meinen, für diese Spektren ist die Hamas geradezu ein *Nicht-Akteur*, der bei der Bewertung des Konfliktes für viele keine Rolle spielt, weil er diese ambivalenter machen würde. Dabei bleibt allein Israel als handelnder Akteur verantwortlich. Allerdings wird durch dieses progressive Freund-Feind-Denken den aufgrund von einschüchternden Repressionen jedweden Grades nur selten zu hörenden liberalen und ausgleichenden palästinensischen Stimmen ebenfalls kein Raum zur Artikulation geboten und diese somit zum Schweigen gebracht.[23]

---

[22] https://www.spiegel.de/kultur/israel-kritik-auf-der-berlinale-solidaritaet-mit-gaza-schweigen-zur-hamas-a-0883b82f-2844-4490-924f-f1632fbe766b (10.07.2025); https://www.instagram.com/p/CyneXNTMl68/ (10.07.2025); https://www.zeit.de/kultur/film/2025-09/schauspieler-boykott-israel-film-institutionen (09.09.2025); https://jungle.world/blog/von-tunis-nach-teheran/2025/08/nein-zum-aufruf-der-partei-die-linke-zusammen-fuer-gaza (11.09.2025)

[23] https://taz.de/Aktivist-ueber-Anti-Hamas-Protest-in-Gaza/!6020586&s=hamza/ (15.07.2024); https://www.jpost.com/israel-hamas-war/article-809925 (15.07.2024); https://blogs.timesofisrael.com/free-palestine-and-then/ (15.07.2024); https://taz.de/Aktivist-ueber-Frieden-im-Nahen-Osten/!6038243&s=herzl/ (07.10.2024); https://taz.de/Widerstand-in-Gaza/!6079528&s=hamza/ (25.04.2025); https://www.zeit.de/politik/ausland/2025-08/nahost-hamas-terrorgruppe-gaza-kaempfer/komplettansicht (01.09.2025)

Fazit 7

Genauso wie in einigen Teilen der politischen Rechten mit der Rede von den „Globalisten" sowie anderen Narrativen gegen Jüdinnen:Juden gerichtete Verschwörungstheorien verbreitet werden, existiert auch in Teilen der politischen Linken ein Antisemitismus zur umfassenden Welterklärung. Extreme Ausprägungen philosophischer Strömungen, wie die eng miteinander verwobenen Poststrukturalismus und Postkolonialismus, verleihen Halbwahrheiten und Falschdarstellungen intellektuelle Rückendeckung sowie eine scheinbar wissenschaftliche Grundlage. Dies, in Verbindung mit einem bei vielen Aktivist:innen anzutreffenden Mangel an Wissen zum Nahostkonflikt, dient der moralischen Skandalisierung und Instrumentalisierung. Ziele und Methoden islamistischer Akteure wie der Hamas finden dabei kaum bis keinen Eingang in die Argumentation. Dabei sind die postmodernen Ideen in Zusammenhang mit Israel schlichte Wiedergänger des marxistisch-leninistischen Antiimperialismus. Dichotome Freund-Feindkonstruktionen, die die Welt in Gut und Böse einteilen, leben in ihnen genauso fort wie eine verkürzte Kapitalismuskritik, die Narrative des modernen Antisemitismus nutzt, den Kapitalismus jetzt aber mit Israel identifiziert. Teilen der radikalen Linken dient Israel bzw. der Zionismus als Chiffre für die westlich-liberale Welt und all der ihr zu Last gelegten Verfehlungen. Im Nahostkonflikt spitzt sich die explizite Klassenauseinandersetzung zu, die ansonsten nur abstrakt wahrgenommen wird – mit der Intifada als Fanal einer proletarischen Weltrevolution. Israelische Jüdinnen:Juden werden aufgrund antisemitischer Deutungsmuster als ideelle Exponenten der kapitalistischen Sphäre angesehen und oft als deren schlimmste Auswüchse – namentlich als Faschist:innen – verunglimpft. Bestimmte Teile der radikalen Linken gehen dazu Bündnisse mit islamischen Akteur:innen ein, die ihren Werten ansonsten diametral entgegenstehen, mit denen sie bestimmte Feindbilder jedoch teilen, wie

© Der/die Autor(en), exklusiv lizenziert an Springer Fachmedien Wiesbaden GmbH, ein Teil von Springer Nature 2026
A. Neumann, *Antisemitismus in der politischen Linken*, essentials,
https://doi.org/10.1007/978-3-658-50872-2_7

die mit dem Kapitalismus verknüpfte westliche Moderne. Der unter Islamist:innen weit verbreitete Antisemitismus (Kiefer 2025, S. 17) wird dabei in Kauf genommen oder geteilt. Dabei übernehmen sie auch Topoi des muslimischen Antisemitismus („Kindermörder Israel"), die wiederum Zerrbilder des christlichen Antijudaismus bzw. des modernen Antisemitismus sind. Sie machen sich zum Erfüllungsgehilfen reaktionärster islamistischer Theokraten oder instrumentalisieren diese. Das Schicksal der palästinensischen Bevölkerung hat dabei oft nur einen nachgeordneten emotional-instrumentellen, einen rein symbolischen Charakter.

Was Sie aus diesem *essential* mitnehmen können

1. Antisemitische Narrative und Welterklärungen werden auch in Teilen der politischen Linken genutzt und reproduziert.
2. Bereits im klassischen dogmatischen Marxismus-Leninismus bieten antikapitalistische und antiimperialistische Theorieelemente Anknüpfungspunkte für antisemitische Denkfiguren.
3. Neuere philosophische Strömungen ermöglichen es, einseitige und Israel dämonisierende Narrative auf eine angeblich wissenschaftliche Grundlage zu stellen.
4. Der Staat Israel dient dabei als symbolische Entsprechung des westlichen Kapitalismus. Wie dieser trägt er Schuld an allen Übeln der Welt, womit es auch legitim ist, ihn zu bekämpfen.
5. Der Nahostkonflikt bildet aus antiimperialistischer Perspektive den manichäisch aufgeladenen Siedepunkt der Konfrontation zwischen globalem Süden und globalem Norden, mithin der Ausgangspunkt einer globalen sozialistischen Revolution. Dabei werden islamistische Terroristen zu Verbündeten verklärt, während Palästina und den Palästinenser:innen nur noch instrumentelle Bedeutung zukommt.

© Der/die Herausgeber bzw. der/die Autor(en), exklusiv lizenziert an
Springer Fachmedien Wiesbaden GmbH, ein Teil von Springer Nature 2026
A. Neumann, *Antisemitismus in der politischen Linken*, essentials,
https://doi.org/10.1007/978-3-658-50872-2

Literatur

Aly, G. (2008). *Unser Kampf. 1968 – Ein irritierter Blick zurück.* S. Fischer.

Arnold, S. (2016). *Das unsichtbare Vorurteil. Antisemitismusdiskurse in der US-amerikanischen Linken nach 9/11.* Hamburger Edition.

Arnold, S. & Axster, F. (2024). Antisemitismus und Rassismus. P. Ullrich, S. Arnold, A. Danalina, K. Holz, U. Jensen, I. Seidel, J. Weyand (Hrsg.), *Was ist Antisemitismus? Begriffe und Definitionen von Judenfeindschaft* (S. 79–85). Wallstein.

Asseburg, M. (2022). *Palästina und die Palästinenser. Eine Geschichte von der Nakba bis zur Gegenwart.* bpb.

Baier, J. (2021). *Antisemitismus in der BDS-Kampagne.* https://www.bpb.de/themen/antisemitismus/dossier-antisemitismus/328693/antisemitismus-in-der-bds-kampagne/ (12.09.2025).

Bakunin, M. (1924). *Gesammelte Werke.* Bd. 3. Der Syndikalist.

Benhabib, S. (2023). Die Hamas ist keine Befreiungsbewegung. Eine Antwort auf »Philosophy for Palestine«. *Blätter* für deutsche und internationale Politik 12/2023, 71–76. https://www.blaetter.de/ausgabe/2023/dezember/die-hamas-ist-keine-befreiungsbewegung (17.09.2025).

Bensoussan, G. (2019). *Die Juden der arabischen Welt. Die verbotene Frage.* Hentrich & Hentrich.

Benz, W. (2025). *Exil. Geschichte einer Vertreibung 1933–1945.* C. H. Beck.

Berendsen, E. & Schnabel D. (2024). Die TikTok-Intifada – Der 7. Oktober & die Folgen im Netz. *Analysen & Empfehlungen der Bildungsstätte Anne Frank.*

Bildungsstätte Anne Frank (2024). *Welcher Fluss und welches Meer? Eine Einordnung der Mythen und Streitpunkte des Israel-Plästina-Konflikts.* https://www.bs-anne-frank.de/fileadmin/content/Publikationen/Brosch%C3%BCren/BSAF_Broschuere_Mythen_und_Streitpunkte_des_Israel-Palaestina-Konflikts_10.2024_v2.pdf (15.10.2025).

Broder, H. M. (1986). *Der ewige Antisemit. Über Sinn und Funktion eines beständigen Gefühls*. Fischer Taschenbuch.

Carr, Gl (2010): Race-class-gender-analysis. M. Payne, B. Rae, J. Malden (Hrsg.), *A Dictionary of Cultural and Critical Theory* (S. 589–591) (2. Aufl.).

Chernivsky, M., Lorenz-Sinai, F. (2024). Antisemitismus vor und nach dem 7. Oktober. Historische Kontinuitäten, Erscheinungsdimensionen und empirische Befunde. In Bundesarbeitsgemeinschaft religiös begründeter Extremismus (Hrsg.), *Ligante. Fachdebatten aus der Präventionsarbeit*, 7 (2024), 9–15. https://www.bag-relex.de/wp-content/uploads/2024/10/BAG-RelEx_Ligante_7_Online.pdf (09.07.2025).

Diedrich, T., Ehlert, H., Wenzke, R. (1998). Die bewaffneten Organe der DDR im System von Partei, Staat und Landesverteidigung. Ein Überblick. In dies. (Hrsg.), *Im Dienste der Partei. Handbuch der bewaffneten Organe der DDR* (1–67) Ch. Links.

Diner, D. (2019). Der Sarkophag zeigt Risse. Über Israel, Palästina und die Frage eines „neuen Antisemitismus". In C. Heilbronn, D. Rabinovici & N. Sznaider (Hrsg.), *Neuer Antisemitismus? Fortsetzung einer globalen Debatte* (459–488). edition suhrkamp.

Diner, D. (2021). *Ein anderer Krieg. Das jüdische Palästina und der Zweite Weltkrieg 1935–1942*. Deutsche Verlags-Anstalt.

Elbe, I. (2021). Die „Verschwörung der Asche von Zion". Anmerkungen zum postkolonialen Angriff auf die Singularität des Holocaust. *Kritiknetz – Zeitschrift für Kritische Theorie der Gesellschaft* https://www.kritiknetz.de/images/stories/texte/Elbe_Asche_von_Zion.pdf (17.09.2025).

Elbe, I. (2023). Postkolonialismus und Antisemitismus. Einleitung zu einer Bibliographie zu einer Kritik postkolonialer und postmodern-antirassistischer Thematisierung von Antisemitismus, Holocaust, Judentum und Zionismus. S. Gigat (Hrsg.), *Kritik des Antisemitismus in der Gegenwart. Erscheinungsformen, Theorien, Bekämpfung* (S. 157–169). Nomos.

Engster, F. (2024). Moishe Postone und die Personifizierung des Abstrakten. P. Ullrich, S. Arnold, A. Danalina, K. Holz, U. Jensen, I. Seidel, J. Weyand (Hrsg.), *Was ist Antisemitismus? Begriffe und Definitionen von Judenfeindschaft* (151–156). Wallstein.

Escher, C. (2018). Israel im „Schwarzen Kanal". In W. Benz (Hrsg.), *Antisemitismus in der DDR. Manifestationen und Folgen des Feindbildes Israel*. Metropol.

FgA (2021). *Antisemitismus in Kontext der „Nakba"-Demonstration*. https://antisemitismus-melden.koeln/wp-content/uploads/2021/05/Monitoring-Bericht-%C2%B4Nakba%C2%B4-Demonstration-15.05.2021.pdf (25.11.2025).

Fiedler, L. (2016). Drei Geschichten einer Desillusionierung: Wassili Grossman, Ilja Ehrenburg und das Jüdische Antifaschistische Komitee. In *Jahrbuch des Simon-Dubnow-Instituts/Simon Dubnow Institute Yearbook*, Bd. 15 (2016), 511–532. Vandenhoeck & Ruprecht.

Gallner, M. (2023). Antisemitismus ohne Antisemiten. Zur Aktualität von Jean Amérys Kritik des Antizionismus. In S. Gigat (Hrsg.), *Kritik des Antisemitismus in der Gegenwart. Erscheinungsformen, Theorien, Bekämpfung* (117–133). Nomos.

Gerber, J. (2016). *Ein Prozess in Prag. Das Volk gegen Rudolf Slánský und Genossen*. Vandenhoeck & Ruprecht.

Grigat, S. (2019). Zweierlei Vertreibungen, zweierlei Integration. Die jüdischen Flüchtlinge aus den arabischen Staaten, ihre Bedeutung für Israel und der arabisch-islamische Antisemitismus. In G. Bensoussan, *Die Juden der arabischen Welt. Die verbotene Frage* (S. 9–27). Hentrich & Hentrich.

Grigat, S. (2025). *Vom Antijudaismus zum Hass auf Israel. Interventionen zur Kritik des Antisemitismus*. Verlag Barbara Budrich.

Hahn, H. J. (2024). Judith Butler: Kritik instrumenteller Antisemitismusvorwürfe. In P. Ullrich, S. Arnold, A. Danalina, K. Holz, U. Jensen, I. Seidel, J. Weyand (Hrsg.), *Was ist Antisemitismus? Begriffe und Definitionen von Judenfeindschaft* (S. 178–186). Wallstein.

Hansen, H. (2024). Eine neue Querfront von Linksextremismus und Islamismus? Antiimperialismus und postkolonialismus als Grundlage von Antisemitismus. In *Analyse & Argumente* Nr.526. https://www.kas.de/documents/d/guest/eine-neue-querfront-von-linksextremisten-und-islamisten (17.09.2025).

Hasche, T. (2024). Islamistischer Antisemitismus im 21. Jahrhundert Eine existenzielle Bedrohung Israels und von Jüdinnen und Juden weltweit. In F. Decker (Hrsg.), *INDES. Zeitschrift für Politik und Gesellschaft*, 3/2023, 131–137. Vandenhoeck & Ruprecht.

Haury, T. (2002). *Antisemitismus von links. Kommunistische Ideologie, Nationalismus und Antizionismus in der frühen DDR*. Hamburger Edition.

Haury, T. (2019). *Antisemitismus von Links. Facetten der Judenfeindschaft*. https://www.schule-ohne-rassismus.org/wp-content/uploads/2020/03/Baustein-8-Antisemitismus-von-Links-web.pdf (17.09.2025).

Herf, J. (2020). *Unerklärte Kriege gegen Israel. Die DDR und die westdeutsche radikale Linke, 1967–1989*. bpb.

Hoffrogge, R. (2017). Der Sommer des Nationalbolschewismus? Die Stellung der KPD-Linken zum Ruhrkampf und ihre Kritik am „Schlageter-Kurs" von 1923. In *Sozial. Geschichte Online. Zeitschrift für historische Analyse des 20. Und 21. Jahrhunderts. 20*, 99–146. https://duepublico2.uni-due.de/servlets/MCRFileNodeServlet/duepublico_derivate_00043276/05_Hoffrogge_Sommer_Nationalbolschewismus.pdf.

Holz, K. (2010). *Nationaler Antisemitismus. Wissenssoziologie einer Weltanschauung*. Hamburger Edition.

Hoyer, J. (o.A.). *BDS*. https://www.bpb.de/themen/antisemitismus/dossier-antisemitismus/was-heisst-antisemitismus/glossar-antisemitismus/559871/bds/ (12.09.2025).

Hund, W. D. (2018). Der ,jüdische Nigger' Lassalle. Marginalie zu einem Brief von Karl Marx. In *Sozial. Geschichte Online. Zeitschrift für historische Analyse des 20. und 21. Jahrhunderts. 24*, 103–129.

Illouz, E. (2025). *Der 8. Oktober*. Suhrkamp.

Institut für Internationale Beziehungen an der Akademie für Staats- und Rechtswissenschaft der DDR (Hrsg.) (1980). *Wörterbuch der Aussenpolitik und des Völkerrechts*. Dietz.

Ionescu, D. (2020). Auseinandersetzungen um Antisemitismus im politisch linken Spektrum: mehr als „Judenhass" und „Judendiskriminierung". In Institut für Demokratie und Zivilgesellschaf (Hrsg.), *Wissenschaft Demokratie. Schwerpunkt Antisemitismus*, Bd. 8., S. 8–72. https://www.idz-jena.de/fileadmin/user_upload/PDFS_WSD8/WsD8_Beitrag_Dana_Ionescu_.pdf (17.09.2025).

Kessler, M. (2005). Die KPD und der Antisemitismus in der Weimarer Republik. In *UTOPIE kreativ* 173, 223–232.

Kessler, O. (2025). *Palästina 1936. Der große Aufstand und die Wurzeln des Nahostkonflikts*. Hanser.

Kiefer, M. (2025). Islamismus in Deutschland. Entstehung, Strukturen und gesellschaftliche Debatten. In *APuZ*, (16–19/2025), 16–21.

Kirsch, A. (2025). *Siedlerkolonialismus. Ideologie, Gewalt und Gerechtigkeit.* Edition Tiamat.

Klävers, S. (2021). *Decolonizing Auschwitz? Komparativ-postkoloniale Ansätze in der Holocaustforschung.* bpb.

Kloke, M. W. (1994). *Israel und die deutsche Linke. Zur Geschichte eines schwierigen Verhältnisses.* Haag + Herchen.

Köppe, T., Winko, S. (2013). *Neuere Literaturtheorien. Eine Einführung.* J. B. Metzler.

Küntzel, M. (2019). *Nazis und der Nahe Osten. Wie der islamische Antisemitismus entstand.* Hentrich & Hentrich.

Latsch, M. (2024). *Der Urvater der Remigration. Henning Eichberg hat die Ideologie entwickelt, gegen die heute Millionen Menschen auf die Straße gehen.* In F. Decker (Hrsg.), *INDES. Zeitschrift für Politik und Gesellschaft,* 4/2023, 164–171. Vandenhoeck & Ruprecht.

Lenhard, P. (2026). Mit Adorno gegen Israel. In *Berlin Review* 16 (2024). https://blnreview. de/ausgaben/2026-01/philipp-lenhard-dirk-moses-israel-gaza-adorno-replik (05.12.2025).

Lenin, W. I. (1960). Der Imperialismus als höchstes Stadium des Kapitalismus. In Institut für Marxismus-Leninismus beim ZK der KPdSU (Hrsg.), *Lenin Werke.* Bd. 22, S. 189–309. Dietz. [ursprl. 1916/17].

Lenin, W. I. (1966). Ursprünglicher Entwurf der Thesen zur nationalen und kolonialen Frage (Für den Zweiten Kongreß der Kommunistischen Internationale). In Institut für Marxismus-Leninismus beim ZK der SED (Hrsg.): *Lenin Werke.* Bd. 31, S. 132–139. Dietz. [ursprünglich: 1920].

Martini, T. (2021). Wenn Erinnerung diffus wird. Die Shoa im postkolonialen Denken. In Stella Leder (Hrsg.), *Über jeden Zweifel erhaben? Antisemitismus in Kunst und Kultur,* S. 151–159. Hentrich & Hentrich.

Marx, K. (1968). Das Kapital. In *Karl Marx – Friedrich Engels – Werke.* Bd. 23. Dietz. [urspr. 1867].

Marx, K. (1976). Zur Judenfrage. In *Karl Marx – Friedrich Engels – Werke.* Bd. 1. S. 347–377. Dietz. [urspr. 1843].

Mendel, M. (2023). *Über Israel reden. Eine deutsche Debatte.* Kiepenhauer & Witsch.

Messerschmidt, A. (2018). Aufarbeitung des Kolonialismus in Auseinandersetzung mit Rassismus und Antisemitismus. In B. Hafeneger, K. Unkelbach, B. Widmaier (Hrsg.), *Rassismuskritische politische Bildung. Theorien – Konzepte – Orientierung.* S. 148–157. Wochenschau.

Messerschmidt, A. (2022). *Antisemitismus und Kunst.* https://www.migazin.de/2022/07/28/ documenta-fifteen-antisemitismus-und-kunst/ (17.09.2025).

Misik, R. (2024). *Eingeschränkte Sicht. Die Nahost-Debatte verschwindet zunehmend hinter dem starren Korsett eigener Geschichtsschreibung und Selbstinszenierung.* https://www. ipg-journal.de/regionen/naher-osten/artikel/eingeschraenkte-sicht-7300/ (17.09.2025).

Morris, B. (2023). *1948. Der erste arabisch-israelische Krieg.* Hentrich & Hentrich.

Moses, A. D. (2008). Empire, Colony, Genocide. Keywords and the Philosophy of History. In ders. (Hrsg.), *Empire, Colony, Genocide. Conquest, Occupation, and Subaltern Resistance in World History.* S. 3–54. Berghahn Books.

Münkler, S., Roesler, A. (2012). *Poststrukturalismus.* Verlag J. B. Metzler.

Neumann, A. (2019). *Von Indianern, Geistern und Parteisoldaten. Eskapistische DDR-Fernsehmehrteiler der 1980er-Jahre.* bebra wissenschaft.

Neumann, A. (2021). Die marxistisch-leninistische Faschismusdefinition und der Mauerbau. Individuelle Folgen medial verbreiteter Fake News und Verschwörungstheorien. In P. Klimczak, T. Zoglauer (Hrsg.), *Wahrheit und Fake im postfaktisch-digitalen Zeitalter: Distinktionen in den Geistes- und IT-Wissenschaften.* S. 89–113. Springer Vieweg.

Neumann, A. (2022). Der antisemitisch aufgeladene Trotzkismus Vorwurf. Ein Beitrag zur Feindbildkonstruktion im Stalinismus. In A. Neumann & J. v. Bilavsky (Hrsg), *Geschichte vor Ort und im virtuellen Raum. Einblicke in die Arbeit an der Gedenkstätte Berlin-Hohenschönhausen.* S. 243–272. Springer Vieweg.

Pfeffer, A. (2019). Gute Juden, schlechte Juden. Antisemitismus in Jeremy Corbyns Labour Party. In C. Heilbronn, D. Rabinovici, N. Sznaider (Hrsg.), *Neuer Antisemitismus? Fortsetzung einer globalen Debatte.* S. 366–384. edition suhrkamp.

Pflicke, T. (2025): Antisemitismus in der Neuen Linken. In A. Hensel, M. Bohla (Hrsg.), *Linke Militanz. Erkenntnisse und Erfahrungen aus Forschung und Praxis.* S. 42–53. Universitätsverlag Göttingen.

Rabinovici, D., Sznaider, N. (2019). Neuer Antisemitismus: Die Verschärfung einer Debatte. In C. Heilbronn, D. Rabinovici, N. Sznaider (Hrsg.), *Neuer Antisemitismus? Fortsetzung einer globalen Debatte.* S. 9–27. edition suhrkamp.

Rabuza, N. (2012). Pinkwashing – Israel unter Verdacht. In: Amadeu-Antonio-Stigftung (Hrsg.), *„Man wird ja wohl Israel noch kritisieren dürfen---?!" Über legitime Kritik, israelbezogenen Antisemitismus und pädagogische Interventionen.* S. 29–33. https://www.amadeu-antonio-stiftung.de/w/files/pdfs/aas-israelfeindschaft.pdf?t (17.09.2025).

Reimann, A. (2009). *Dieter Kunzelmann. Avantgardist, Protestler, Radikaler.* Vandenhoeck & Ruprecht.

Salzborn, S. (2010). *Antisemitismus als negative Leitidee der Moderne. Sozialwissenschaftliche Theorien im Vergleich.* Campus.

Salzborn, S. (2016). Die Stasi und der westdeutsche Rechtsterrorismus. Drei Fallstudien (Teil I). In: *Deutschland Archiv.* https://www.bpb.de/themen/deutschlandarchiv/224836/die-stasi-und-der-westdeutsche-rechtsterrorismus-drei-fallstudien/ (17.09.2025).

Schäfer, P. (2020). *Kurze Geschichte des Antisemitismus.* C. H.Beck.

Scharf, P., Kreuzer, G. (2024). *Welcher Antisemitismus? Der Gaza-Krieg in lokalen linken Zusammenhängen am Beispiel Göttingens.* https://www.linke-militanz.de/publikationen/welcher-antisemitismus/ (17.09.2025).

Schwarz-Friesel, M. (2020). Israelbezogener Antisemitismus und der lange Atem des Anti-Judaismus – von ‚Brunnenvergifern, Kindermördern, Landräubern'. In Institut für Demokratie und Zivilgesellschaf (Hrsg.): *Wissen schafft Demokratie. Schwerpunkt Antisemitismus,* Bd. 8, S. 42–57. https://www.idz-jena.de/fileadmin/user_upload/PDFS_WSD8/WsD8_Beitrag_MSF_.pdf (17.09.2025).

Stögner, K. (2022): *Intersektionalität und Antisemitismus.* https://www.bpb.de/themen/antisemitismus/dossier-antisemitismus/516233/intersektionalitaet-und-antisemitismus/ (17.09.2025).

Stosberg, T. (2025). Israel, Holocausterinnerung und das Siedlerkolonialismus-Paradigma. Nachwort. In A. Kirsch, Siedlerkolonialismus. Ideologie, Gewalt und Gerechtigkeit. S. 173–199. Edition Tiamat.

Suder, P., Butt, T. N. (2024). Aktuelle Instrumentalisierungen des Nahostkonflikts. Ein phänomenübergreifender Bereich. In Bundesarbeitsgemeinschaft religiös begründeter Extremismus (Hrsg.), *Ligante. Fachdebatten aus der Präventionsarbeit,* 7 (2024), 38–43.

https://www.bag-relex.de/wp-content/uploads/2024/10/BAG-RelEx_Ligante_7_Online.
pdf (09.07.2025).

Ullrich, P. (2024). Probleme der Begriffsbildung und Definition von Antisemitismus. In
P. Ullrich, S. Arnold, A. Danalina, K. Holz, U. Jensen, I. Seidel, J. Weyand (Hrsg.), *Was
ist Antisemitismus? Begriffe und Definitionen von Judenfeindschaft*. S. 193–267.
Wallstein.

Vetter, M. (2011). Verschwörung der Kremlärzte. In W. Benz (Hrsg.). *Handbuch des Antisemitismus, Bd. 4: Ereignisse, Dekrete, Kontroversen*. S. 416–418. De Gruyter.

Volkov, S. (2000). Antisemitismus und Anti-Zionismus: Unterschiede und Parallelen. In
Antisemitismus als kultureller Code. S. 76–87. C. H. Beck.

Vowinckel, A. (2004). Der kurze Weg nach Entebbe oder die Verlängerung der deutschen Geschichte in den Nahen Osten. In *Zeithistorische Forschungen/Studies in Contemporary
History*, 1 (2004), H. 2, S. 236–254. https://zeithistorische-forschungen.de/2-2004/4742
(17.09.2025).

Vowinckel, A. (2023). Gewalttätige Bilder. Von Gebrauch und Missbrauch der Fotos aus dem
Nahen Osten. In *Blätter für deutsche und internationale Politik* 9/2024, 87–92. https://
www.blaetter.de/ausgabe/2024/september/gewalttaetige-bilder (17.09.2025).

Weinstock, N. (2019). *Der zerrissene Faden. Wie die arabische Welt ihre Juden verlor.
1947–1967*. ça ira.

Weyand, J. (2024). Postkolonialer Antisemitismus. In P. Ullrich, S. Arnold, A. Danalina,
K. Holz, U. Jensen, I. Seidel, J. Weyand (Hrsg.). *Was ist Antisemitismus? Begriffe und
Definitionen von Judenfeindschaft*. S. 50–56. Wallstein.